"La recopilación de reflexiones de guías espirituales serios como Ted Dunn son un regalo para todas nosotras". **Joan Chittister, OSB, Expresidenta de LCWR y de la Federación Benedictina, autora y oradora de renombre internacional, Erie, Pensilvania**

"Las comunidades religiosas han acogido durante mucho tiempo la noción de transformación como una invitación al poder de la gracia de Dios, pero como Ted Dunn nos recuerda, puede ser "verdaderamente complicado y doloroso. La transformación es intrínsecamente compleja, conflictiva, íntima, ambigua y arriesgada, y los resultados son siempre impredecibles". Sin embargo, el presente es un libro que ofrece estrategias y directrices esencialmente esperanzadoras y fortalecedoras.

Las congregaciones religiosas que han trabajado con Ted Dunn están muy familiarizadas con su franco sentido del desafío: "Una comunidad se está muriendo cuando tiene más recuerdos que sueños". En la encrucijada de gracia de la vida religiosa en la actualidad, soñar nuestro camino para el futuro, incluso a través de los portales del declive y la disminución, es el mayor desafío al que nos enfrentamos todas las personas. Realizar ese importantísimo trabajo con honestidad, imaginación e integridad es la aspiración de Ted Dunn en la labor de transformación, para lo que este libro será un recurso inestimable". **Diarmuid O'Murchu, MSC, psicólogo social, autor y orador de renombre internacional, Dublín, Irlanda**

"En este libro que complementa al inspirador libro del autor, *Encrucijada de gracia: caminos hacia el cambio profundo y la transformación*, Ted Dunn invita tanto a personas como a organizaciones de fe y congregaciones religiosas a la labor profunda y conmovedora de la transformación. Con arte y ternura conduce al lector, a la lectora, al terreno interior de nuestro ser, donde abunda la obra de integración y transformación del Espíritu. Valiéndose de sus décadas de experiencia con congregaciones religiosas, Ted Dunn recaba la sabiduría que se encuentra cuando las personas y equipos comprometidos recorren el sagrado viaje de transformación en medio de las ásperas realidades que se encuentran en la encrucijada de la vida". **Jayne Helmlinger, CSJ, Expresidenta de LCWR y Superiora General de las Hermanas de San José de Orange, California**

"La invitación del Dr. Ted a profundizar en el proceso de transformación fue acogida por nuestra comunidad monástica. El resultado fue una sanación más profunda de las relaciones, lo que nos unió más como comunidad. Existe una nueva gentileza y paz entre nosotras. Estamos muy agradecidas". **Terri Hoffman, OSB, Priora, Monasterio Madre de Dios, Watertown, Dakota del Sur**

"En *El poder del trabajo interno para la transformación*, Ted Dunn invita tanto a personas como a comunidades al trabajo del alma para la transformación. Estas conmovedoras reflexiones y preguntas que invitan a la reflexión me han desafiado en mi propio andar, a aceptar la invitación de Dios a profundizar y a abrazar cada paso siguiente hacia la plenitud y la libertad. Los cinco elementos dinámicos de la transformación que Ted identifica como cambios de conciencia, búsqueda de la voz interior, reconciliación y conversión, experimentación y aprendizaje, y visión transformadora siguen sirviendo de guía en mi vida, porque todas las personas somos aprendices permanentes unidas en nuestra vulnerabilidad. Este libro también ha sido una rica fuente de transformación comunitaria en la comunidad franciscana de Tiffin, puesto que hemos utilizado estas reflexiones en pequeños grupos compartiendo significativamente. Como nueva integrante de la vida religiosa que profesó votos perpetuos hace cuatro años, encuentro una gran esperanza en la obra de Ted y creo que es una fuente de aliento para cualquier persona o comunidad que se tome en serio el llamado a la transformación". **Marcia Boes, OSF, Hermanas de San Francisco de Tiffin, Ohio**

EL
PODER DEL
TRABAJO INTERNO
PARA LA
Transformación

GUÍA PARA LA REFLEXIÓN PERSONAL Y

EL INTERCAMBIO COMUNITARIO

TED DUNN

EL
PODER DEL
TRABAJO INTERNO
PARA LA
Transformación

GUÍA PARA LA REFLEXIÓN PERSONAL Y

EL INTERCAMBIO COMUNITARIO

EL
PODER DEL
TRABAJO INTERNO
PARA LA
Transformación

GUÍA PARA LA REFLEXIÓN PERSONAL Y

EL INTERCAMBIO COMUNITARIO

Ted Dunn

CCS Publications

www.CCSstlouis.com

Publicado en Estados Unidos por CCS Publications, Comprehensive Consulting Services, Trinity, Florida: www.CCSstlouis.com

Permisos

A menos que se indique lo contrario, el Dr. Ted Dunn utiliza su propia traducción y/o paráfrasis de los pasajes de la Biblia. El Dr. Dunn se basa en diversas fuentes, especialmente la Nueva Versión Internacional y la Nueva Traducción Viviente. Su práctica consiste en citar las fuentes bíblicas en capítulos y versículos, pero no en identificar traducciones precisas.

Registro de Catalogación en Publicación de la Biblioteca del Congreso de los Estados Unidos

Dunn, Ted

El poder del trabajo interno para la transformación: guía para la reflexión personal y el intercambio comunitario / Ted Dunn

ISBN: 979-8-35092-751-1

ISBN del libro electrónico: 979-8-35092-752-8

Impreso en los Estados Unidos de América

Primera edición

A todas aquellas comunidades de fe que se enfrentan a una encrucijada y esperan ardientemente transformar su vida y dar a luz una nueva vida.

Agradecimientos

Esta guía de trabajo interno para la transformación surgió de mi ministerio acompañando a comunidades a lo largo de un viaje de transformación. Aunque hay cuestiones comunes a todas las comunidades que se enfrentan a estos tiempos de transición, cada una tiene su narrativa única, así como su propia historia, tradiciones, cultura y espiritualidad que aportar a estas encrucijadas. Nunca es un camino fácil. Siempre está lleno de promesas y riesgos. He tenido el privilegio único de caminar con muchas personas que han reunido el valor, la creatividad y la tenacidad necesarios para emprender ese viaje.

He ofrecido muchas de las reflexiones que encontrarás en el presente libro a aquellas comunidades a quienes he guiado a través de un viaje de transformación. Cada comunidad que he acompañado me ha brindado la oportunidad de crecer en mi propio camino espiritual. Me han desafiado a lidiar con mi propia fe, dudas y preguntas sobre el papel de Dios y la gracia en mis propias experiencias transformadoras. Estas reflexiones son para mí una forma de dar algo de mi ser que espero sean recibidas como es mi intención: un gesto de agradecimiento y un estímulo para tu propio trabajo interno.

Agradezco a todas esas comunidades que me han permitido caminar tan íntimamente con ellas a través de un viaje de transformación. Estoy agradecido por la profundidad y seriedad con la que abordaron el tipo de material que aquí comparto de manera más exhaustiva. Sus comentarios, retos, apoyo y sugerencias a lo largo de los años han contribuido sustancialmente a las reflexiones aquí presentadas.

También quiero dar las gracias a mi esposa, Beth, que me ayudó a vivir el mismo tipo de preguntas que te invito a explorar. Ha sido, y sigue siendo, mi compañera en mi propio viaje de transformación. Deseo dar las gracias a Theresa LaMetterey, Hermana de San José de Orange, que leyó, estudió y editó cuidadosamente mi manuscrito. Sus comentarios me ayudaron enormemente a mejorar la calidad de mis textos.

Desde que publiqué por primera vez este libro en inglés, he recibido muchas peticiones de comunidades hispanohablantes para que ofrezca una traducción al español del presente libro. Doy las gracias a Margarita Rustrián Martínez, que ha trabajado diligentemente para traducirlo al español. Aprecio su sensibilidad y determinación para traducir el significado matizado de las palabras y la poesía de este libro. Espero que las personas y las comunidades religiosas del mundo hispanohablante en general encuentren en este material una ayuda para sus propios esfuerzos de transformación.

Dios nos habla de forma personal mientras nos prepara,
luego camina a nuestro lado silenciosamente para que salgamos de la noche.

Éstas son las palabras que oímos escuetamente:

A ti, que te envié más allá de lo que recuerdas,
ve hasta el límite de tu anhelo.
Encárname.

Arde como una llama
y crea grandes sombras por las que pueda moverme.

Deja que todo te suceda: la belleza y el pavor.
Sigue adelante. Ningún sentimiento es definitivo.
No te permitas perderme.

Cerca está el país al que llaman vida.
Lo reconocerás por su seriedad.
Dame la mano.

Rainer Maria Rilke, Ve hasta el límite de tu anhelo

ÍNDICE

Prólogo

Cuando *El poder del trabajo interno para la transformación* llegó a mis manos, sabía que algunas de las primeras lectoras ya tenían rostro, nombre y apellido. Inmediatamente, imaginé los ojos brillantes de la Hermana Zeny clavados en las páginas, a la Hermana Rosa haciendo agudas anotaciones personales en su diario, a Dionisia y Martha poniendo los pies descalzos sobre la tierra mojada con el libro en la mano para obtener inspiración de la Madre Tierra. A menudo, cerraba los ojos y veía a todas las Hermanas de la Reina del Santo Rosario reunidas en una salita para emprender el trabajo del alma. Luego, cuando mi imaginación empezó a volar más, vi comunidades de fe enteras, Franciscanos, Benedictinas, Agustinos, familias, líderes, hombres y mujeres por igual, en torno a una fogata, a una chimenea, en la cocina y en la sala hablando de cómo la presente guía les ha impulsado a emprender un íntimo viaje de transformación espiritual para dar cabida a una nueva vida. Sabía, también, que la versión en inglés ha representado una verdadera joya para muchísimas comunidades de fe.

Cuando llegó el momento de comenzar a traducir la presente obra y me dispuse a encender la vela azul (que me regalaron mi queridas Dominicas) para que me acompañara en este hermoso viaje, me encontré con una primera *encrucijada* personal: el lenguaje incluyente. Percibía una inexorable y profunda conexión con mis Hermanas Dominicas hispanoparlantes. Quería, por supuesto, que sintieran cómo el Dr. Dunn les habla al oído todo el tiempo, de manera personal, con muchísimo respeto y tacto. Sin embargo, también existía mi determinación de que tanto hombres y mujeres por igual, sin importar su fe, sintieran el llamado al *trabajo interno para la transformación*. Por lo tanto, la traducción que aquí ofrezco pretende ser respetuosa y dócil para cualquiera, tratando de dar el mismo valor a todas las personas que la lean y respetando a la diversidad lectora. Hay ocasiones en las que, seguramente, el texto se muestra en masculino y de pronto cambia a femenino; en otras ocasiones, el flujo de la obra permite una inclusión impecable evitando el uso genérico del masculino gramatical. Todo lo anterior tiene el fin primordial de escribir una *nueva narrativa,* como aquella a la que bien nos exhorta el Dr. Dunn en la Parte VI del presente: "Escribe una nueva narrativa". Pues bien, la narrativa de *El poder del trabajo interno para la transformación* en su versión en español se dirige a "todos", a "todas", y por qué no, a "todes" por igual, de forma totalmente intencional y haciendo honor a este gran reto del siglo XXI: permitir que los cambios sociales se reflejen en la lengua. ¡Sientan cómo el mensaje entra al núcleo de su alma sin distinción alguna!

Ahora bien, llevando la atención más hacia el contenido del espléndido libro del Dr. Ted Dunn, cuando atendemos las señales de la vida, las señales de Dios, y una vez que empezamos a ver y sentir el profundo llamado del alma y el corazón, no hay vuelta atrás. Entonces, en momentos de valentía, y con el impulso del Espíritu Santo, decidimos tomar nuestro equipaje para emprender un nuevo camino con mayor lucidez, mayor conciencia. Aquellos pasos, aquellas huellas en la arena derivados de nuestro andar en la tierra, no podrán volver, aunque en ocasiones sentimos que sí. Éstos obedecieron a un tiempo específico, a una emoción específica y a una intención única. De pronto, advertimos que estamos frente a distintas rutas. Es ahí donde nos encontramos con lo que el Dr. Dunn denomina una *encrucijada de gracia.* Volteamos la mirada y reconocemos nuestros pasos, miramos nuestros pies, nuestras manos. Notamos cuánto hemos recorrido. En ocasiones pensamos que es más fácil regresar por donde vinimos, pero queremos seguir adelante y elegir con más sabiduría para vivir plenamente.

Cualquiera que sea el camino que tomemos, éste es largo, y pronto nos damos cuenta de que el equipaje es pesado y nos impide caminar con ligereza hacia el centro del alma. Entonces, decidimos descargar la maleta porque sabemos que el nuevo camino, aunque nos transformará y traerá fulgor a nuestra vida y a nuestra comunidad, es arduo y requiere esfuerzo. Sabemos, también, como explica el Dr. Dunn con notable ingenio, que el cambio no es suficiente. Es preciso transformarnos. Requerimos un nuevo comienzo para florecer y dar sentido a la vida.

Para tal viaje de transformación interior, *El poder del trabajo interno para la transformación* es un recurso imperdible para hombres, mujeres, comunidades de fe, familias e instituciones al servicio de Dios. Sabemos que transformarse no es fácil. Requiere que vayamos a lugares oscuros y empolvados que no siempre queremos mirar. En la presente guía, el Dr. Dunn nos recuerda constantemente la voz de Dios, nuestra propia voz; se sienta cerquita de nosotros a llevarnos por los senderos del duelo, el perdón y la abundancia, para que finalmente lleguemos a un nuevo comienzo. Nos presenta citas valiosísimas que merece la pena repasar diariamente, propone reflexiones constantes, nos lleva de la mano y sostiene nuestra esencia para tomar el camino hacia la transformación, que es, sin duda alguna, uno de los ministerios más hermosos de cualquier comunidad.

Anhelo que tú, tu comunidad, tu familia espiritual, tu alma y tu corazón encuentren en esta guía las reflexiones necesarias para *transformarse*, y salir del capullo con alas de una envergadura tan amplia, que su vuelo desde lo alto represente un regalo diario que se viva en gratitud y amor.

Margarita Rustrián Martínez

Intérprete, traductora

Independientemente del tipo de situación que altere la vida de una persona o comunidad y la sumerja en lugares profundos, oscuros y dolorosos, una vez que se sale a la luz, hay que tomar decisiones en la encrucijada. Nuestra comunidad pudo haber optado por no hacer nada. Pudimos haber seguido repitiendo la misma historia de siempre, diciéndonos a nosotras mismas: "Así son las cosas", sin detenernos a pensar por qué somos como somos. Por muy tentador que fuera tomar la decisión de seguir por ese camino conocido y repetir los discursos de siempre, optamos por forjar un nuevo camino y crear una nueva narrativa para nosotras. Elegimos abrazar *El poder del trabajo interno para la transformación* como medio para reclamar una nueva vida.

Nuestra comunidad había llegado a lo que el Dr. Ted Dunn denomina una "encrucijada de gracia".[1] Fue un lugar doloroso para cada integrante, una especie de fondo, y el comienzo de lo que Ted llama un viaje de transformación. Ted, junto con su esposa y socia, la Dra. Beth Lipsmeyer, nos ayudó a avanzar utilizando procesos de cambio profundo. El viaje ha sido una mezcla de duelo, gestación y parto. Formaron a nuestra comunidad para trabajar con habilidad en el caos y el terreno silvestre de la transformación.[2] Se nos invitó a dar voz a nuestros anhelos más profundos. Se nos animó a reconciliar nuestras heridas y a reivindicar nuestra auténtica voz interior. Nos sentimos inspiradas para aprovechar nuestro espíritu pionero, experimentar nuevas formas de ser y convertirnos en una comunidad de aprendizaje.

Estos procesos nos proporcionaron un método y un medio para crecer. Nos hemos sentido inspiradas para ampliar nuestro pensamiento, cruzar nuevos umbrales y vivir nuevas posibilidades. Hemos abierto nuevas puertas y forjado un futuro que nunca habríamos imaginado, y desde luego no podríamos haberlo hecho, si sólo hubiéramos recurrido a la planeación estratégica. Hemos adquirido una fuerza y un compromiso renovados para estar juntas y el deseo de seguir escuchando esa "invitación más profunda". Los procesos y reflexiones de Ted, compartidos aquí en *El poder del trabajo interno para la transformación*, nos han permitido escuchar y responder a la invitación más profunda.

Una cosa es hacer trabajo interno con un consejero, una consejera o con dirección espiritual y otra muy distinta es hacer este tipo de trabajo como comunidad de fe. Este tipo de trabajo del alma es difícil y exigente, incluso si se hace en privado con un consejero, consejera o con dirección espiritual. Es el tipo de trabajo que requiere agallas y la voluntad de mostrarse vulnerable. Con los procesos expuestos en este libro, surge un reto más profundo: compartirlo con las personas que viven la vida contigo en comunidad.

Tardamos más de un año en terminar las reflexiones, ejercicios e invitaciones de Ted a compartir con las demás personas. Nos tomamos un tiempo para la reflexión personal y después cada grupo pequeño compartió los frutos de su trabajo interno. El logro de haber realizado juntas este trabajo interno reforzó nuestra estima como comunidad. Nuestro respeto y aprecio mutuos aumentaron. Emprender juntas este trabajo interno en este viaje de transformación nos reconfortó y desenterró nuestra sabiduría colectiva. Ha sido el adhesivo que nos mantiene unidas.

El viaje de transformación es muy largo y nuestra historia aún se está escribiendo. Puede sonar trillado, pero creo que es cierto: debemos actuar mientras nos transformamos. Sin el compromiso de realizar el trabajo interno, el compromiso profundo con las demás personas y el esfuerzo por escribir una nueva narrativa, nuestra comunidad pudo haberse hundido, y probablemente así hubiera sucedido, debido al peso de la realidad que teníamos encima.

En este viaje de transformación, hemos pulido el misterio de la transformación a través de nuestras propias experiencias, aprendiendo no sólo lo que significa sobrevivir, sino florecer. Nuestra labor transformadora ha dado enormes frutos, hasta el punto de que estamos recuperando nuestra voz interior y escuchando nuestro verdadero yo. Estamos viviendo una nueva forma de ser, dando forma a una nueva visión de nuestro futuro y creando una vida con sentido y propósito. Que tú y tu comunidad encuentren este mismo tipo de tesoros cuando se involucren en *El poder del trabajo interno para la transformación*.

Barbara Younger, OSB, Equipo de liderazgo, Monasterio Madre de Dios, Watertown, Dakota del Sur

PREFACIO

Así dijo Jehová: Paraos en los caminos, y mirad, y preguntad por las sendas antiguas, cuál sea el buen camino, y andad por él, y hallaréis descanso para vuestra alma. Jeremías 6:16

Ofrezco esta guía para experimentar el poder del trabajo interno para la transformación a personas y comunidades que han llegado a una encrucijada en la vida y buscan formas de hacer surgir una nueva vida a través de procesos que promuevan la transformación. Representa el tipo de trabajo del alma que creo que se descuida con demasiada frecuencia pero que, sin embargo, es esencial para el éxito de la transformación de las comunidades y de las personas que residen en ellas.

En las últimas décadas he trabajado principalmente con comunidades religiosas católicas. Como grupo, están atravesando una enorme transición y he acompañado a muchas de esas personas a través de lo que yo llamo un "viaje de transformación". Los fundamentos de mi trabajo sobre la transformación personal y comunitaria se publicaron recientemente en un libro titulado *Encrucijada de gracia: caminos hacia el cambio profundo y la transformación*. En aquella publicación fundacional indiqué que le seguiría este libro complementario llamado "El poder del trabajo interno para la transformación".

Este libro ofrece una serie de reflexiones y procesos sugeridos con el fin de ayudar a quienes deseen realizar este tipo de trabajo del alma. Pretende ser un recurso, no una especie de programa de siete puntos para una transformación garantizada. No existe tal cosa. No pretendo pensar que lo que ofrezco es la única manera de realizar ese trabajo interno. Sin embargo, es una forma que me ha resultado muy eficaz. Las comunidades que he acompañado, y que se han comprometido en este trabajo interno, han descubierto que forma parte integral de su viaje de transformación más grande.

Está escrito principalmente para comunidades religiosas y descubrirás que muchas de las reflexiones, poemas y citas que utilizo son de la fe cristiana. Sin embargo, incluyo materiales y citas de otras creencias y personas sabias. Por consiguiente, creo que el material es adecuado para comunidades de cualquier fe. De hecho, creo que es adecuado para iglesias, equipos de liderazgo y organizaciones sin fines de lucro, cualquier grupo para el que su misión (no el dinero) sea lo más importante. Está escrito para cualquier grupo que se enfrente a una encrucijada y busque una nueva vida a través de procesos transformadores. Es para quienes reconocen que el corazón de tales esfuerzos es un viaje espiritual.

Aprópiate de este trabajo

No conozco ningún otro trabajo personal que pueda realizarse que sea más íntimo que el trabajo del alma de nuestra vida. Ninguna dirección espiritual o líder que pertenezca a alguna religión puede describirte lo que hay en tu propia alma ni prescribirte tu propio camino espiritual de transformación. Cada persona debe reivindicar su propio nombre para "Dios", lo "Divino" o el "Alma", su propia experiencia de lo sagrado y su propia comprensión de lo que constituye un viaje espiritual. Aunque no cabe duda de que como comunidad se ha reivindicado una misión y una espiritualidad comunes, el camino espiritual de cada persona es único.

Johann Wolfgang von Goethe dijo una vez: "Todos los pensamientos verdaderamente sabios han sido concebidos ya miles de veces; pero para hacerlos verdaderamente nuestros, debemos volver a pensarlos honestamente, hasta que se arraiguen en nuestra experiencia personal". Lo mismo ocurre en este caso. *El poder del trabajo interno para la transformación* no es algo que pueda hacer el equipo de liderazgo por ti y no se puede subcontratar a un comité para ese fin. La única forma de que esta guía tenga sentido para ti es que el material que te ofrezco, junto con las piedras de toque meditativas que he agregado, se arraiguen en tu propia experiencia. Que esta guía para tu trabajo interno de transformación sea una invitación que te lleve a la plenitud, a la sanación y a una mayor unión con los demás y con lo Divino.

Introducción

Detente. Los árboles frente a ti y los arbustos a tu lado
no están perdidos. El lugar donde estás se llama Aquí
y debes tratarlo como a un poderoso desconocido,
debes pedir permiso para conocerlo y dejarte conocer.
El bosque respira. Escucha. Te responde,
He creado este lugar pensando en ti.
Si te vas, puedes regresar diciendo Aquí.
No hay dos árboles iguales para el cuervo.
No hay dos ramas iguales para el gorrión.
Si el valor de un árbol o un arbusto se pierde en ti,
sin duda estás perdida, estás perdido. Detente. El bosque sabe
dónde estás. Deja que te encuentre.
David Wagoner, Perdida, perdido

CONTEXTO Y FINALIDAD

El poder del trabajo interno para la transformación es una guía para ayudar a las comunidades religiosas y a las organizaciones impulsadas por su misión que han llegado a algún tipo de encrucijada y buscan formas de elegir de nuevo la vida, de transformar su vida y dar a luz una nueva narrativa. En este libro uso el término "comunidad" en un sentido bastante amplio. Me enfoco principalmente en los y las integrantes de una comunidad que están, o esperan comprometerse colectivamente en la transformación comunitaria. En esencia, esta guía es para todas las personas que quieren cooperar proactivamente con la gracia haciendo un trabajo del alma para el cambio y la transformación profundos.

Todas las personas podemos aprender a cooperar con la gracia en el Misterio Divino de la transformación. Es el trabajo del alma que debemos hacer cuando nos enfrentamos a una encrucijada de gracia en la vida, cuando ya no hay vuelta atrás y cuando el camino a seguir es incierto y ambiguo. Cuando este trabajo del alma se realiza en el contexto de una comunidad de fe, o de cualquier equipo u organización para los que la misión es lo esencial, se facilita la transformación colectiva.

El Misterio Divino de la transformación permanecerá por siempre inescrutable y más allá de la comprensión humana. Yo no presumiría de haber roto el código. Sin embargo, hay mucha sabiduría que podemos recoger si reflexionamos profundamente sobre nuestras propias experiencias vitales transformadoras. Y podemos obtener un conocimiento considerable de los avances recientes en humanidades y ciencia, así como de las tradiciones religiosas contemporáneas y antiguas. Ahora es posible identificar gran parte de lo que podemos hacer, lo que constituye nuestro propio trabajo interno de transformación, mientras que el resto se deja al misterio y a la acción de la gracia.

Conocemos, por ejemplo, la diferencia entre cambio y transformación. Sabemos muy bien cómo es el camino trillado de la menor resistencia y su inevitable resultado de decadencia y muerte. Aunque no podemos conocer el camino exacto ni los resultados de un viaje transformador, sabemos lo que nos ayuda a recorrerlo y sabemos lo que se interpone en nuestro camino. Conocemos la paradoja y la importancia de asumir la responsabilidad de planear nuestro futuro, a la vez que reconocemos que no podemos predecir, controlar ni forjar el misterio de la transformación. Conocemos la importancia de integrar nuestros planes con el trabajo interno para la transformación para cooperar con la gracia en un viaje de transformación.

Como los árboles y los arbustos, no estamos perdidos, no estamos perdidas. El alma conoce su camino. Sólo tenemos que sentir la quietud, escuchar esa vocecita apacible, y luego poner de nuestra parte para cooperar con la gracia. El trabajo interno para la transformación es la parte que podemos hacer, lo que las comunidades pueden hacer, para cooperar con la gracia en su viaje de transformación.

Encrucijada de gracia: caminos hacia el cambio profundo y la transformación

El poder del trabajo interno para la transformación es un complemento del libro que publiqué recientemente para explorar la naturaleza de la transformación y cómo comprometerse en el trabajo de Reflexiones y ejercicios en tu diario. Ese libro fundamental, titulado *Encrucijada de gracia: caminos hacia el cambio profundo y la transformación*, abordaba cuatro preguntas centrales:

1. ¿Cuáles son las encrucijadas de gracia a las que se enfrentan ahora las comunidades religiosas y las invitaciones más profundas que las llaman al trabajo interno de transformación?

2. ¿Cuáles son los retos y oportunidades en nuestro mundo y dentro de la vida religiosa que han llevado a las comunidades a estas encrucijadas de gracia?

3. ¿Cómo pueden evaluar las comunidades su capacidad para emprender una transformación comunitaria? ¿Qué les exigirá y qué pueden esperar de ella?

4. ¿Qué implica realmente un viaje de transformación y cómo pueden las comunidades comprometerse proactivamente en este Misterio Divino?

Aunque el ímpetu de ese trabajo se debió a la particular encrucijada a la que se enfrentan las comunidades religiosas católicas, sus principios fundacionales y sus directrices se pueden aplicar en cualquier comunidad. Y, aunque la atención se centró en la transformación comunitaria, los principios y procesos fundamentales aplican de igual forma a la transformación personal. Dado que ese libro era fundacional y conceptual, no podía ofrecer el tipo de reflexiones y orientaciones que aquí se presentan para el trabajo personal e interpersonal de transformación.

El poder del trabajo interno para la transformación continúa donde se quedó *Encrucijada de gracia*. Este libro ofrece 20 reflexiones para guiar a quienes desean transformar su vida a través de su propio trabajo del alma personal y comunitario. Estas reflexiones ayudarán al trabajo personal de transformación y, a través del intercambio entre las personas de una comunidad, facilitarán sus esfuerzos colectivos para la transformación comunitaria.

Esfuerzos errados y la alternativa

La transformación comunitaria comienza en el corazón y el alma de las personas que forman una comunidad. La transformación es un movimiento del alma que va en todas direcciones: a la superficie, hacia dentro, hacia arriba, hacia fuera y en espiral. Si las personas que componen una comunidad no están plenamente comprometidas con este tipo de trabajo del alma, los esfuerzos para lograr una transformación comunitaria están condenados al fracaso. El cambio organizacional puede producirse en ausencia de este tipo de trabajo interno, pero no la transformación organizacional.

La mayoría de las comunidades que se enfrentan a una encrucijada y expresan el deseo de transformar y renovar su vida acaban enfocándose en el cambio organizacional y descuidando el trabajo interno necesario para la transformación comunitaria. Utilizarán enfoques convencionales, como la planeación estratégica, para abordar estos cambios organizacionales y evitarán el tipo de cambio profundo que se requiere de las personas para transformar la cultura y el alma de la comunidad.

Los métodos convencionales simplemente no son adecuados para tiempos poco convencionales como éstos. Las distintas investigaciones indican que la gran mayoría de estos esfuerzos, más del 80%, no lograrán los resultados deseados.[3] Afortunadamente, sabemos por qué. He aquí siete de los errores más comunes. La mayoría de las comunidades hacen lo siguiente:

1. **Se centran en el cambio externo, más que en el trabajo interno**

    Las comunidades se enfocan en cambiar lo más superficial de su vida (por ejemplo: edificios, finanzas, terrenos y ministerios), e ignoran lo que hay debajo, el trabajo interno para la transformación personal e interpersonal.

2. **Hacen nuevas versiones mejoradas del pasado**

   Al igual que las nuevas versiones mejoradas de Tide o Crest, las comunidades hacen nuevas versiones mejoradas de sí mismas. Intentan hacer lo que siempre han hecho, pero mejor.

3. **Se esfuerzan más, no de forma diferente**

   Las comunidades se esfuerzan más por apretarse el cinturón, reducir gastos, posponer la jubilación, reducir su tamaño, redimensionar y reutilizar edificios, esperando un resultado diferente (la definición de locura de Einstein).

4. **Van a lo seguro, en lugar de innovar**

   Van a lo seguro, en lugar de innovar, por miedo a hacer malas inversiones, perder su reputación o experimentar y fracasar. Resulta que ir a lo seguro es la opción más arriesgada de todas.

5. **Emprenden cambios graduales en lugar de profundos**

   Las comunidades favorecen los pequeños cambios en los que los resultados son predecibles, las conversaciones son manejables y las cosas son más controlables, en lugar de optar por emprender cambios profundos.

6. **Evitan algo malo, en lugar de crear algo bueno**

   El miedo lleva a las comunidades a preocuparse más por cometer errores que por centrar su atención y sus recursos en innovar nuevas posibilidades.

7. **Descargan la misma información, en lugar de crear un nuevo sistema operativo**

   Cuando las comunidades se quedan estancadas en su misma mentalidad y visión del mundo de siempre, acaban descargando la misma información utilizando los mismos filtros, en lugar de crear un nuevo sistema operativo. Sin una transformación de la conciencia (nuevo sistema operativo), no surgirán posibilidades verdaderamente novedosas.

Es posible que te hayas dado cuenta de que el *miedo* es el denominador común de todos estos esfuerzos equivocados. Tanto el equipo de liderazgo como cada integrante le tienen miedo a la transformación genuina porque es francamente complicada y dolorosa. La transformación es intrínsecamente compleja, conflictiva, íntima, ambigua y arriesgada, y los resultados son siempre impredecibles. La mayoría de los grupos carecen de la valentía, la creatividad y la tenacidad que se necesitan para emprender este tipo de trabajo. La mayoría se centrará en los cambios superficiales, la estructura elemental del cambio organizacional. Evitarán el dolor y el desorden del trabajo interno personal e interpersonal. En lugar de ello, con el impulso del miedo, tomarán el trillado camino de la menor resistencia, un camino que conduce inevitablemente a la lenta decadencia y la muerte.

Un camino a seguir

El camino menos transitado, el camino que transforma y da nueva vida a las comunidades, requiere no sólo la transformación organizacional, sino también el trabajo interno para la transformación personal y comunitaria. Las tres dimensiones, organizacional, personal e interpersonal, deben abordarse para transformar una comunidad. Si no emprende el trabajo del alma cada integrante, los esfuerzos encaminados a la transformación comunitaria no traerán los resultados deseados.

Aunque muchas comunidades conocen bien los métodos para abordar la dimensión organizacional del cambio, la mayoría carece de herramientas que les ayuden a abordar las dimensiones personal y comunitaria. Este libro aborda esa laguna. Proporciona un conjunto completo de reflexiones, y un proceso recomendado para utilizarlas, diseñado para que las comunidades aborden las dimensiones personales e interpersonales de la transformación comunitaria.

PARA QUIÉN ESTÁ ESCRITA ESTA GUÍA

Como ya he dicho, en este libro utilizo el término "comunidad" en el sentido más amplio. Lo que entiendo por comunidad es cualquier grupo, formal o informal, que tenga una misión o propósito común. Puede tratarse de una comunidad religiosa, como las Hermanas de la Misericordia o la Compañía de Jesús (jesuitas). O puede ser una comunidad de fe o una iglesia más pequeña. Los equipos de liderazgo, los consejos de administración y las organizaciones sin fines de lucro para las que la misión (no el dinero) es lo más importante encontrarán este material beneficioso. Básicamente, cualquier grupo intacto que se enfrente a una encrucijada y busque formas de transformar su vida y hacer surgir una nueva vida encontrará en este material un valioso recurso para sus propios esfuerzos de transformación.

¿Para quién no es adecuado este libro? En caso de que una comunidad recurra a él, como ocurre con cualquier esfuerzo comunitario, no todo el mundo se sentirá atraído por este tipo de trabajo. Es posible que algunas personas no se sientan identificadas con mi lenguaje sobre Dios, la espiritualidad o el alma. Algunas otras tendrán miedo del tipo de profundidad e integración que estoy fomentando con respecto a las dimensiones espirituales y emocionales de nuestra vida. Algunas podrían considerar este trabajo interno como un "mirarse el ombligo" innecesario que desvía su atención de la misión. Y otras podrían pensar que pueden planear el futuro, como lo ha hecho en el pasado, redactando una declaración de visión, creando un plan estratégico y llevando a cabo sus metas y objetivos en un tiempo fijo. Para quienes sostienen estas perspectivas, este libro será un obstáculo.

Sin embargo, creo que esta guía tocará fibras sensibles de quienes se han dado cuenta de que se encuentran en una situación insostenible e inaceptable y, por tanto, deben cambiar radicalmente su futuro. Creo que resonará entre quienes se han dado cuenta de que no pueden hacer este trabajo unilateralmente o de forma individual, sino sólo mediante la colaboración y la cooperación. Está escrito para quienes buscan un camino a través de la ambigüedad y la complejidad inherentes a la transformación de su vida y la configuración de un futuro en conjunto. Espero dirijirlo a quienes, en lugar de adaptarse a nuestro mundo tal como es, desean transformarse y transformar el mundo en el que vivimos.

Hay que admitir que un viaje de transformación comunitario es intrínsecamente ambiguo y que los avances son difíciles de medir. En ese sentido, se asemeja a una peregrinación, pero con la complicación adicional de su vínculo con el cambio organizacional. ¿Quién puede prescribir cuál es la obra de Dios en nuestra vida y con qué vara se puede medir ese progreso? ¿Cómo puedes demostrar que los planes organizacionales concretos que pones en práctica surgen realmente de un auténtico discernimiento comunitario? Se trata de un viaje con pocos hitos o medidas mundanas de éxito. Tiene más que ver con el paisaje del alma. Sólo *tú* puedes dar fe de la autenticidad de la presencia de Dios en tu viaje interior, de cómo ésta informa los caminos que estás eligiendo, las decisiones que estás tomando y si estás progresando o no.

No puedo decirte exactamente cómo dar expresiones renovadas al alma de tu comunidad o a tu misión. No puedo ofrecerte una receta para un éxito garantizado. Y no puedo poner a Dios en este viaje por ti. Lo que sí puedo hacer es proporcionarte un medio para reflexionar profundamente sobre tu vida y para que te comprometas con el trabajo interno para la transformación. Lo que puedo ofrecerte es una forma de reflexionar sobre en quién estás llamado a convertirte, experimentar cómo facilitar ese nuevo nacimiento y empezar a escribir una nueva narrativa para tu vida. Lo que sí puedo ofrecerte es una forma de llevar a cabo este trabajo del alma que tiene su fundamento en la sabiduría recogida de la ciencia y las humanidades contemporáneas, las experiencias vitales y numerosas tradiciones religiosas.

Personas sin comunidad comprometidas con la transformación

Esta guía también beneficiará a las personas que no pertenezcan a una comunidad que esté llevando a cabo esfuerzos de transformación, pero que, no obstante, deseen realizar su propio trabajo personal de transformación. Lo ideal sería crear un grupo de personas con ideas afines que se unieran a este esfuerzo. Puede tratarse de una persona muy importante en tu vida, un confidente, un director o directora espiritual o una guía. O tal vez quieras formar un grupo de apoyo con otras personas que compartan el mismo deseo de transformación personal.

Tener acompañantes en el viaje refuerza el potencial transformador de este trabajo del alma. La intimidad de lo que comparten intensifica su impacto emocional. Contar con personas que puedan "atestiguar" tu viaje ayuda a afirmar tu trabajo, solidificar tus logros y santificar tu crecimiento. Al hablar en voz alta, tus pensamientos y sentimientos se harán más reales, más interiorizados y te pertenecerán. La naturaleza contemplativa de este material y la presencia compasiva de la gente pueden ofrecer el apoyo, el desafío y la perspicacia que tanto necesitas para ayudarte en tu trabajo.

Ventajas de esta guía

Esta guía de reflexión ofrece dos ventajas muy concretas a quienes trabajan con ella. Cuando se utiliza con el proceso sugerido que incorpora la reflexión personal y el intercambio comunitario, este material te ayudará a ti y a tu comunidad a comprometerse en el trabajo de transformación tanto personal como comunitario. Además, te ayudará a crear una "vasija" para gestionar el caos intrínseco de la transformación.

Trabajo interno para la transformación personal e interpersonal

El discernimiento es personal, pero nunca privado.
James Martin

Esta guía pretende ayudarte a realizar el trabajo interno para la transformación, que es tanto personal (es decir, espiritual y emocional) como interpersonal (es decir, relacional y comunitario). Para tener éxito en el trabajo de transformación comunitaria, cada persona de la comunidad tendrá que comprometerse con este tipo de trabajo interno, aunque no todo el mundo lo hará a profundidad. Sin embargo, las probabilidades de que se produzca una transformación comunitaria aumentarán en la medida en que un mayor número de sus integrantes participe en este tipo de trabajo a profundidad.

Permíteme ser claro, el trabajo interno personal para la transformación no debe permanecer privado y aislado. Tus esfuerzos deben ir más allá de lo individual y abarcar tus relaciones. Tendrás que comprometerte en el trabajo interpersonal de transformar los patrones normativos de relación que anteriormente han llevado a silenciar la voz interior de la comunidad (por ejemplo, formas de hablar que juzgan, heridas que se dejan sin atender, conflictos que se evitan, liderazgo triangulado, culpar y avergonzar a aquellos con los que no estamos de acuerdo, etc.). Tendrás que crecer en tu capacidad para mantener conversaciones honestas, directas y significativas, reconciliar heridas, restablecer la confianza y crear nuevas normas que te permitan prosperar.

Si cada persona hiciera este trabajo por su cuenta o acudiera en busca de dirección espiritual o asesoramiento para realizarlo, no daría lugar a una transformación comunitaria. Hasta que este trabajo personal no se comparta con la comunidad y se trabaje en ella, no habrá una transformación comunitaria. La comunidad en su totalidad es una forma de vida, un sistema con sus propias normas, cultura y alma. No se transformará a menos que haya procesos destinados específicamente a abordar el sistema en conjunto. Así, los procesos y reflexiones que ofrezco aquí para compartir entre las personas integrantes de la comunidad es donde el trabajo personal e interpersonal se unen, cada quien complementando y ayudando al resto.

Creación de la vasija

Tu espacio sagrado es donde puedes encontrarte contigo una y otra vez.
Joseph Campbell

El uso de esta guía consolidará la "vasija" necesaria para tu trabajo colectivo de transformación. La vasija es un espacio en el que la gente experimenta:

1. un espacio verde donde siente la seguridad suficientemente como para arriesgarse, aprender y crecer conjuntamente en comunidad,

2. un espacio sagrado donde puede escuchar y cooperar con el Espíritu que se mueve dentro de sí y entre quienes les rodean, y

3. un entendimiento común y un marco para lo que se está haciendo.

Una vasija es un tipo de entorno de contención. Para que puedas emprender un cambio profundo, debes crear un entorno seguro, un espacio verde, en el que te permitas ser vulnerable, arriesgar y experimentar sin miedo a sentir juicios en tu contra o sufrir represalias cuando fracases (y fracasarás muchas veces). Necesitas un espacio acogedor, hospitalario para el alma, en el que puedas mostrar sinceridad, intimidad y en donde puedas ser real. Tal vasija se convierte en "espacio sagrado" cuando el alma está en sintonía con el Espíritu que se mueve a través del corazón, personal y colectivamente. Se necesita un entorno en el que puedas hacer crecer la claridad colectiva sobre lo que estás haciendo y hacia dónde esperas ir en el futuro.

Normalmente, la pasión y la claridad que puedan haber surgido de la reunión de una comunidad empiezan a decaer cuando ésta termina. La memoria colectiva se desvanece y también lo hace el espíritu colectivo de entusiasmo y esperanza. Entonces, las reuniones se convierten en acontecimientos aislados y de una sola vez, desconectados unos de otros, sin un sentido de integración y de construcción de un todo. Aunque una reunión determinada pueda valer la pena, en sí misma la experiencia puede permanecer aislada. Esto limita tu capacidad para mantener el impulso, aprovechar los pasos dados e integrar los esfuerzos continuos.

Esta guía proporciona un medio para construir y mantener un marco común, un entendimiento común de lo que la comunidad está haciendo y por qué. Es una forma de reforzar la vasija e integrar el trabajo entre reuniones. Es un medio de proporcionar un ritmo continuo de oración y reflexión para que todas las personas participen, realicen juntas este trabajo y avancen en una dirección común. Proporciona un sentido y un propósito compartidos para el viaje transformador.

CONTENIDO DE ESTA GUÍA

Hasta que todos lleguemos a la unidad en la fe y en el conocimiento del Hijo de Dios y seamos maduros, alcanzando la medida de la plenitud de Cristo.
Efesios 4:13

Esta guía ofrece una serie de 20 reflexiones y pasajes meditativos relacionados, oraciones, ejercicios en tu diario y rituales. Cada reflexión comienza con una introducción a un elemento del viaje de transformación. También he recurrido a las Escrituras, oraciones, poemas y otras fuentes de inspiración para mejorar aún más tu compromiso con las reflexiones. Describiré un enfoque que pueden utilizar para trabajar con estas reflexiones individualmente, en pequeños grupos y en toda la comunidad.

La Parte I, *Viaje de transformación*, proporciona el contexto y los orígenes del trabajo interno para transformarse. Describe el contexto más amplio, el viaje de transformación. Se trata de un breve resumen de algunas de las enseñanzas fundamentales extraídas del libro complementario, *Encrucijada de gracia: caminos hacia el cambio profundo y la transformación*. También describe la diferencia entre cambio y transformación.

La Parte II, *Conectar el cambio con el trabajo interno para la transformación*, explica la importante conexión entre el trabajo externo del cambio y el trabajo interno para la transformación. Explica las claves para desentrañar el misterio de la transformación, cómo podemos hacer nuestra parte para participar en este Misterio Divino. También describe el papel de la gracia y cómo podemos aprender a cooperar con ella. Las 20 reflexiones se reparten en las cuatro partes siguientes.

La Parte III, *Encrucijada de gracia*, presenta la primera serie de reflexiones. Éstas te invitarán a reflexionar sobre experiencias de tu propia encrucijada de gracia en las que elegiste la vida de una manera profunda. Se te pedirá que recuerdes aquellos momentos de tu vida en los que experimentaste una transformación profunda que cambió tu vida y que estuvo llena de gracia. Se te pedirá que explores preguntas como las siguientes: ¿Qué circunstancias te han llevado a esta encrucijada de gracia? ¿Cuál fue la invitación más profunda y la totalidad oculta? ¿Qué tuvo que ver la gracia con ello, y qué te ayudó a elegir la vida a través de un camino de transformación en lugar de tomar el camino de menor resistencia? Posteriormente, se te invitará a recoger los aprendizajes de tus experiencias pasadas y aplicarlos al presente. Puedes elegir explorar una encrucijada actual en tu propia vida y/o la encrucijada actual en tu comunidad.

La Parte IV, *Elementos dinámicos de la transformación*, te invita a orar y reflexionar sobre cómo has caminado a través de la transformación hacia una nueva vida. Estas reflexiones se basan en lo que he identificado como los cinco elementos dinámicos de la transformación. Te llevan más allá de la teoría de la transformación a tu experiencia personal. Por ejemplo, se te preguntará: ¿De qué manera cada uno de los cinco elementos dinámicos formó parte de tu viaje personal de transformación? ¿Cómo trabajaste con la ambigüedad y la confusión durante ese tiempo? ¿Quién caminó contigo? ¿De qué manera tu vida de fe formó parte de tu viaje?

La Parte V, *Un repaso sobre tu vida*, ofrece una forma de despejar el desorden que, de otro modo, disminuye la luz radiante de tu alma: sanar heridas, perdonar y ser perdonado, hacer duelo por las pérdidas en la vida, gestionar las decepciones y los remordimientos, etc. Se te invitará a volver a replantear la escasez para convertirla en abundancia y a vivir más en la plenitud de la gratitud. El camino hacia una vida espiritual madura y una vida emocional sana implica más que trabajar en estas pocas áreas, pero éstas son algunas de las cuestiones más comunes que te ayudarán a sumergirte en las profundidades de tu alma.

La Parte VI, *Escribe una nueva narrativa*, implica desprenderse de aquellas "viejas pieles" que representan identidades que han dejado de ser útiles y ya no son auténticas. Se te invitará a explorar nuevos comienzos, a descubrir formas de prosperar y a escribir una nueva narrativa para tu futuro.

Cómo utilizar esta guía

Uno de los mejores regalos de los diarios es que te dan un espacio donde puedes expresarte.
Helen Cepero

¿Te parece mucho trabajo? Lo es. Sin embargo, no se trata de una carrera ni está limitada por un periodo de tiempo concreto, además del tiempo que le dediques. Este es el tipo de trabajo que puede llevar toda una vida. Aunque la secuencia de estas reflexiones está pensada para aprovechar y fomentar la integración de una a otra, podrías decidir trabajar con ellas de otra manera. Tú decides cuánto tiempo le dedicas y cómo abordas el trabajo.

Para utilizar este material podrían desarrollarse varios procesos. Sin embargo, como punto de partida, permíteme recomendar un enfoque que he utilizado con éxito en varias comunidades. Puedes adaptar estas sugerencias a tus propias circunstancias. Quiero compartir este proceso contigo al principio para que lo tengas en mente mientras trabajas con el material.

PARA GRANDES COMUNIDADES

Organización de grupos reducidos

Si trabajas con esta guía en una comunidad grande, lo mejor es dividirla en grupos reducidos. Dada la compleja mezcla de horarios de sus integrantes, su capacidad para realizar este trabajo, sus motivaciones y resistencias, su pesado equipaje con algunas personas y sus distintas circunstancias de vida, podría ser mejor que el equipo de liderazgo organice estos grupos reducidos. El equipo de liderazgo puede discutir todos estos asuntos en confianza y organizar los grupos de forma que optimicen su viabilidad potencial. A continuación, se presentan algunas cosas a tener en cuenta:

1. Los grupos de seis o siete suelen ser mejores. Los grupos más pequeños, si una o dos personas están ausentes o son especialmente tímidas a la hora de compartir, pueden disminuir la riqueza de la conversación. Con grupos grandes (ocho o más) se hace engorroso incluir la participación de todas las personas en la conversación. Los grupos grandes requieren más tiempo para que todas las personas compartan y hacen que las conversaciones espontáneas y fluidas resulten demasiado engorrosas.

2. Utilizar grupos integrados ya existentes puede ser sabio o no. Un grupo ya existente, sobre todo uno cuyas normas de compartir puedan ser contrarias a este tipo de intercambio íntimo, puede resultar muy problemático. Suele funcionar mejor reorganizar las cosas y hacer grupos nuevos. Esto ayuda a aliviar la resistencia que a veces puede enquistarse en algunos grupos integrados.

3. El uso de grupos nuevos ofrece la oportunidad de que personas que no se conocen mucho entre sí estrechen sus lazos. Los nuevos grupos que parten de cero para construir juntos la confianza pueden llegar a cohesionarse profundamente. También refuerza la confianza en el sentido que, si pueden generar confianza en este nuevo grupo, podrán hacer lo mismo en otros círculos, en lugar de permanecer aferrados a la seguridad y familiaridad de un grupo ya existente.

4. Si en estos nuevos grupos hay personas con "equipaje pesado", que se han evitado durante años por heridas del pasado, puede ser una gran oportunidad para sanar. Ahora, al tener que sentarse cara a cara, puede que lleguen a apreciarse mutuamente, incluso a reconciliar viejas heridas. La única advertencia podría ser no colocar juntas a personas que tengan fuertes desprecios o desavenencias "demasiado acaloradas para manejarlas". Es una decisión que compete a quienes organizan los grupos.

5. Cada grupo debe tener al menos una persona capaz de convocar y facilitar el grupo. Asegúrate de colocar a algunos miembros que puedan tener estilos de interacción más difíciles con los convocantes/facilitadores más fuertes.

Es importante que quienes asuman las funciones de convocante o facilitación sean también participantes como iguales entre las demás personas. Es decir, que compartan con la misma igualdad y vulnerabilidad que los demás. No se les distingue como ayudantes o expertos.

Cómo convocar a los grupos reducidos

Lo mejor es que el equipo de liderazgo proporcione la orientación y las instrucciones para los procesos utilizados por los grupos reducidos. Pueden convocar a los grupos periódicamente y organizar el planteamiento para utilizar los ejercicios de reflexión.

El ritmo de cada reflexión funciona mejor para la mayoría de los grupos cuando se hace cada dos meses. El equipo de liderazgo puede indicar a los grupos cuándo deben iniciar una reflexión determinada. De este modo, todos los grupos se mantienen en cierta sincronía.

El equipo de liderazgo también puede indicarte qué tipo de comentarios, si los hubiera, le gustaría recibir de los grupos reducidos. Esta información puede integrarse en el trabajo colectivo de la comunidad. En otras palabras, el equipo de liderazgo puede reflejar a la comunidad cómo influyó la retroalimentación del grupo reducido en su planeación con respecto al viaje de transformación general. Podrían compartir con la comunidad el modo en que los comentarios han contribuido a configurar el contenido y los procesos que utilizan en las asambleas, o cómo ven la transformación de la comunidad a lo largo del tiempo.

PARA GRUPOS Y EQUIPOS MÁS REDUCIDOS

Puedes utilizar este material para el desarrollo del liderazgo, la formación de equipos o entre los miembros de tu iglesia o grupo de iguales. Adapta estas directrices a tus circunstancias. Es posible que desees designar a un convocante que organice el grupo y determine cómo y cuándo se compartirá el material. Puedes asignar una persona para la función de facilitación para el grupo, que puede ser o no convocante. Es posible que desees rotar estas funciones dentro del grupo. Hay que tener en cuenta que no todo el mundo tiene las aptitudes necesarias para desempeñar estas funciones. Analiza estas opciones antes de empezar.

PASOS A SEGUIR EN EL PROCESO

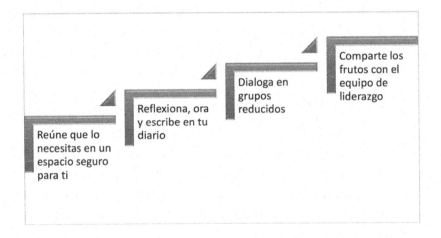

Figura 1: Pasos a seguir en el proceso

Primer paso: Reúne lo que necesitas y encuentra un espacio seguro

Cuando te lo indique el equipo de liderazgo (o la persona convocante), reúne tus materiales y busca un espacio sagrado para ti. Necesitarás esta guía y otras lecturas espirituales de tu elección.

Busca un espacio seguro, tranquilo y cómodo que te ayude a hacer introspección, rezar, escribir en tu diario y estar con tu Dios. Es posible que ya dispongas de un espacio de este tipo. Tal vez desees reunirte con un director o guía espiritual. Tal vez desees estar entre los espacios sanadores de la naturaleza o llevar tu trabajo a los retiros. Puede ser útil comenzar cada sesión con una bendición de ese espacio para invocar lo Sagrado. Empieza por concentrarte. Respira el aliento de Dios, el don de la vida, y permanece en silencio durante unos minutos. Una vez que estés listo, que estés lista, empieza con la reflexión y mantente en ella mientras te sea útil.

Moisés oyó la voz de Dios desde una zarza ardiente: "Quítate el calzado, porque la tierra que pisas es tierra santa" (Éxodo 3:5). El terreno que pisarán tus pies, el camino de tu vida y tu propio viaje de transformación, también es sagrado. Hónralo como sagrado por la calidad de presencia que aportas a este trabajo interno de transformación. Comienza y termina tus sesiones con una oración.

Segundo paso: Reflexiona, reza, escribe en tu diario y camina de la mano de tu Dios

Lee las reflexiones y los materiales de meditación asignados. Dedica tiempo a la oración profunda y a la introspección. Deja que afloren tus pensamientos, sentimientos e imágenes. Dale tiempo. Deja que las reflexiones, citas y preguntas se impregnen en tu alma. Se trata de un proceso que se desarrolla a lo largo del tiempo, no en una sola sesión, así que vuelve a las mismas reflexiones en más de una ocasión. Escribe tus respuestas en tu diario dejando fluir las palabras sin tener en cuenta el estilo literario, la ortografía o la gramática. Si el diario te lleva más allá de las preguntas específicas, entonces recurre a él. Deja que las preguntas inciten tu escritura, no que la limiten. Sobre todo, muestra tu honestidad y sinceridad.

Algunos de los ejercicios sugieren el uso de rituales. En esta guía se ofrecen algunas ideas pero, si no tienes la costumbre de crear tus propios rituales, puedes pedir ayuda a alguien que los conozca. Además, es posible que te interese leer otros libros y artículos de los autores citados en esta guía si descubres que le atraen a tu alma y despiertan tu imaginación. Tienes las referencias y lecturas sugeridas al final de este libro. Quizás quieras utilizar algún otro medio para profundizar en tus reflexiones (arte, música, poesía, recorrer un laberinto). Utiliza cualquier medio que te ayude a reflexionar profundamente sobre el material.

Tercer paso: Dialoga en grupos reducidos

Tu camino espiritual es personal y relacional. Lleva tus reflexiones a tu grupo y abre estas conversaciones íntimas según las instrucciones del equipo de liderazgo (o convocante). La intimidad de este material es un poderoso medio para construir comunidad. Caminen acompañándose mientras comparten sus percepciones. Escúchense profundamente mientras recorren este camino de Emaús conjuntamente.

El equipo de liderazgo podría invitarte, en ocasiones, a compartir este material con tus acompañantes de misión o con otros grupos reducidos. O puede que te inviten a compartir tu trabajo en las asambleas. No dejes que estas invitaciones a compartir te impidan hacer el trabajo personal que necesitas hacer tú. De hecho, tienes la opción y la responsabilidad de determinar tus propios límites sobre lo que compartes y con quién.

Cuarto paso: Ofrece tus puntos de vista al equipo de liderazgo

Las respuestas a algunas de tus reflexiones pueden ser útiles para las personas responsables de la planeación continua con la comunidad. Tal vez deseen resumir las respuestas a una reflexión concreta y compartir el resumen con la comunidad. Por ello, es posible que se te pida que compartas los frutos de las reflexiones de tu grupo con el equipo de liderazgo. Si esto ocurre y deseas enviarlas, éstas deben ser claras, concretas y descriptivas cuando se compartan, a la vez que honres a quienes desean mantener sus historias personales en privado. Determina en tu grupo lo que se compartirá (o no) con el equipo de liderazgo. Es posible que algunas personas estén dispuestas a compartir sus historias personales con el equipo de liderazgo o en las asambleas y que a otras les resulte demasiado incómodo.

CREACIÓN DE UN ESPACIO SAGRADO

Al desprender las capas de cebolla, ¿hasta dónde hay que llegar?

Muchas personas han atendido su vida interior con la ayuda de dirección espiritual, consejería o confidentes. Algunas han hecho este tipo de trabajo toda su vida, otras esporádicamente y otras pueden haber rehuido este tipo de trabajo. Esta guía está pensada para invitarte a crecer espiritual y emocionalmente de la manera que quieras, en el punto de partida y profundidad que elijas.

Al pedirte que reflexiones profundamente sobre tus experiencias emocionales y espirituales de transformación, es probable que surja algo del dolor que formó parte de esas experiencias. Dependiendo de la profundidad y el éxito de tu trabajo previo con estas experiencias, podrías descubrir algunas heridas no sanadas o recuerdos imprevistos y perturbadores.

Cuando hagas este tipo de reflexiones, será importante que respetes tus propios límites y tomes decisiones personales sobre cuánto quieres explorar. Es muy posible que estas reflexiones brinden una gran oportunidad para la sanación, pero la decisión de hasta dónde llegar debe ser tuya. No debes sentirse obligada a afrontar cosas para las que no sientes la preparación. Sin embargo, si tienes un fuerte deseo de explorar a fondo y sanar profundamente, y el trabajo que necesitas parece ir más allá de lo que el grupo podría ofrecerte como apoyo o ayuda, es posible que desees hacer este trabajo con un o una guía profesional (por ejemplo, un consejero, consejera o un director o directora espiritual).

Al compartir en comunidad, ¿hasta qué punto hay que ser transparente?

Dada la naturaleza íntima de estas reflexiones y las invitaciones a compartirlas con otras personas, es posible que sientas inseguridades. Si es así, háblalo con tu grupo antes de empezar. Hablen de lo que necesitan ambas partes para sentir seguridad a la hora de asumir riesgos. Tal vez hayas tenido una experiencia previa en donde se haya roto la confianza, en la que lo que pensabas que se compartía en privado se intercambió después con las demás personas. Tal vez hayas tenido experiencias en el pasado en las cuales recibiste juicios severos cuando compartiste una experiencia profundamente personal. Sean cuales sean tus experiencias pasadas o los temores que puedas tener en relación con tu grupo, coméntalos y busca las garantías que necesitas para sentir seguridad.

Tus diálogos con este material, aunque arriesgados, también pretenden ser el catalizador para transformar tus relaciones, que pueden haberse quedado sin reconciliar, anquilosadas o superficiales, en relaciones más íntimas e importantes. Puede que estas conversaciones tan significativas te liberen de viejas heridas o una reputación dolorosa. Pueden surgir, y esperemos que surjan, oportunidades de reconciliación, entendimiento y sanación. Las conversaciones íntimas a las que se invita a través de estos procesos pueden tener un impacto profundo y transformador en tu vida de forma individual o colectiva.

PRINCIPIOS DE DIÁLOGO E INTERCAMBIO COMUNITARIO

Cada comunidad tiene un planteamiento diferente de cómo dialogar y compartir sobre temas sustanciales. La práctica del intercambio comunitario debe adaptarse a cada comunidad y a sus objetivos específicos. Sin embargo, como orientación para este tipo de intercambio, suelo ofrecer estas directrices generales.

1. *Abracen profundamente su yo más* verdadero y libérense de la reputación que de otro modo los mantiene en lo oculto. En cambio, traten de conocerse mutuamente como personas siempre despiertas, que anhelan ser comprendidas por aquello en lo que se están convirtiendo.

2. *Cuiden el jardín* de sus preciadas relaciones de antaño eliminando las fuentes de desconfianza o confusión y entablen conversaciones hábiles que busquen la comprensión compasiva.

3. *Escuchen como si fuera la primera vez*, y no lo que esperan oír, temen oír, desean oír o creen que ya han oído cientos de veces.

4. *Preparen su corazón* para escuchar el grano de verdad entre esas diferencias difíciles de escuchar o esas perlas disfrazadas de resistencia o desacuerdo.

5. Déjense *cautivar* por el meollo del asunto y por la historia más profunda que se está desarrollando, en lugar de por distracciones superficiales y comentarios poco refinados.

6. *Descubran los temas* que subyacen a las frases hechas, así como las luchas universales que compartimos todas las personas por el hecho de ser humanos.

7. *Renuncien a* su necesidad de soluciones rápidas o respuestas indoloras y disfruten del don de la revelación en estas conversaciones de búsqueda del alma.

8. *Saboreen el silencio* y resistan el impulso de llenarlo con palabras vacías y comentarios reactivos.

9. *Escuchen su interconexión* con los demás como acompañantes de un viaje compartido.

10. *Confíen en la sabiduría de la comunidad* para suscitar y recoger los frutos del Espíritu que se mueven dentro y entre todas las personas reunidas.

Una zona en donde no existan los consejos

Estos grupos reducidos están pensados para ser una "zona en donde no existan los consejos". Esto no es una terapia de grupo. No están allí para decirse lo que tienen que hacer, resolver problemas, arreglar, aconsejar o salvarse mutuamente. No están ahí para darse palmaditas en la espalda por lo que han hecho, ni para criticar, refunfuñar o quejarse de lo que han hecho las demás personas. Sus reflexiones tampoco pretenden ser una especie de "intercambio de fe" en el que alguien puede compartir, pero las demás personas no pueden responder.

¿Qué les queda si no pueden dar consejos, arreglar, resolver problemas o salvar? Su *presencia*. Se les pide que escuchen, revelen y dialoguen de forma contemplativa, pero interactiva. Se les invita, en compañía mutua, a estar totalmente presentes al compartir. Se les reúne como iguales, independientemente de su cargo, puesto o experiencia. Están ahí para profundizar en su comprensión personal y colectiva de hacia dónde les ha llevado el material asignado en sus propias reflexiones. Lo más importante es la atención y el interés mutuos, la escucha profunda y la presencia de todas las personas presentes.

Se les pide que no sean oyentes en pasivo, que sean oyentes en activo y que de vez en cuando asientan con la cabeza o digan: "Ajá". Díganse lo que han oído decir a las demás personas para que cada una conozca lo que las otras les han entendido decir. En otras palabras, resuman o parafraseen, en ocasiones, lo que han oído. Muestren empatía intentando captar el meollo del asunto en lo que dicen los demás. Fíjense especialmente en las palabras con sentimiento. Hagan preguntas abiertas para ayudar a la otra persona a profundizar. Escuchen más allá de la palabra hablada y ofrezcan sus corazonadas sobre lo que aún no han dicho pero que podría subyacer. Y lo que es más importante, respondan *mutuamente* a lo que comparten otras personas, retándose a abrirse de forma similar a como ellas se abrieron con ustedes.

No dejen pasar una revelación personal sin que alguien responda. Sería mortal hablar de una reflexión personal y no oír más que grillos cantar como respuesta. Cualquier seguridad que el grupo pudiera haber desarrollado hasta entonces seguramente se evaporaría. Cuando una persona se arriesga a compartir algo personal y la respuesta es el silencio, ésta se puede sentir muy poco apreciada y expuesta. El miedo a que nos juzguen o malinterpreten empieza a colarse y proyectamos en los rostros silenciosos de los demás el peor de nuestros temores. No dejen que esto ocurra. Respondan a cada participante con lo que entendieron que dijo cada persona y cómo les afectó. Entonces compartan a fondo. Ofrezcan mutualidad y su propia vulnerabilidad. No se admiten consejos, expertos, ni terapeutas.

PARTE I:
VIAJE
DE TRANSFORMACIÓN

*Si el grano de trigo no cae en la tierra y muere, no queda más que un
grano; pero si muere, lleva mucho fruto.*
Juan 12:24

CONTEXTO E INICIOS

Entonces, ¿qué es este viaje de transformación y en qué consiste el trabajo
interno que tanto lo acompaña? Para que comprendas mejor el contexto
y los orígenes de este trabajo interno, permíteme ofrecerte primero un
panorama general del viaje de transformación y de la diferencia entre cambio y
transformación. En la Parte II, hablaré de la importancia de conectar el trabajo
externo del cambio con el trabajo interno para la transformación.

Desde hace más de medio siglo, todas las religiones mayoritarias, iglesias y
comunidades afiliadas del hemisferio norte han ido disminuyendo en número.
Sus integrantes son menos, de más edad y más frágiles. Y, sin una afluencia de
nuevos miembros, la mayoría no sobrevivirá. Sólo por presiones demográficas,
ya no pueden seguir haciendo lo que hacían en el pasado, al menos no de la

misma manera. Más allá de una crisis de supervivencia, están experimentando una serie de crisis en cascada relacionadas con su identidad, integridad y relevancia en el mundo real. No hay vuelta atrás y el camino que han recorrido ha llegado a una encrucijada.

Este es el contexto más amplio y el impulso que dio lugar a la necesidad de que muchas comunidades se involucraran en esfuerzos para llegar a un cierre o crear un nuevo camino hacia el futuro. Sabiendo que no pueden seguir como hasta ahora, muchas comunidades buscan un nuevo camino. Lamentablemente, la mayoría optará por el camino de menor resistencia, con la esperanza de que sus pequeños cambios seguros marquen la diferencia, sólo para llegar a una muerte segura. Sin embargo, algunos grupos, un porcentaje menor, tendrán el coraje, la creatividad y la tenacidad necesarios para realizar cambios radicales, transformar su vida y dar a luz una nueva forma de ser.

Durante décadas he acompañado a comunidades en la encrucijada, a quienes han tratado de transformar su vida y, a su vez, el mundo. Este ministerio no sólo es profundamente significativo y gratificante, sino monumentalmente complejo y desafiante. Uno de los aspectos más desafiantes es cómo conseguir que toda una comunidad se sume al proyecto, que todas las personas tiren en la misma dirección y se comprometan colectivamente en el trabajo del alma de la transformación. El viaje de transformación ha sido el enfoque que he desarrollado y utilizado para ayudar a las comunidades a comprender la naturaleza y el propósito de la transformación comunitaria y cómo pueden comprometerse en este trabajo.

Un reto relacionado es cómo ayudar a las comunidades no sólo a emprender la planeación necesaria de sus terrenos, edificios, liderazgo y finanzas, sino cómo conectar los procesos utilizados para abordar estos cambios superficiales con los procesos dirigidos a un cambio y una transformación profundos. El viaje de transformación ofrece una forma de hacer ambas cosas. Este enfoque conecta e integra el trabajo externo del cambio con el trabajo interno de la transformación.

Con el tiempo, empecé a elaborar materiales y procesos para ayudar a las comunidades a participar en reflexiones compartidas, de modo que todo el mundo se implicara en el trabajo interno, tanto personal como interpersonal, de transformación. Este trabajo interno se convirtió en un componente esencial del viaje de transformación, el pegamento que mantenía unidos a los miembros. Muchas de estas reflexiones se incluyen en este libro.

La sabiduría desenterrada de este trabajo interno dio sentido y propósito al trabajo externo de planeación y visión. Los cambios superficiales ya no eran cambios realizados simplemente para redimensionar los edificios, mejorar sus finanzas o reestructurar su gobernanza sólo para aliviar las cargas administrativas. Estos cambios, con todo el sacrificio y el desprendimiento que requirieron, se impregnaron de un sentido y un propósito que habían surgido de un profundo trabajo interno, el tipo de reflexiones e intercambios a los que se te invitará (por ejemplo, el duelo, la creación de un legado, la sanación de heridas, la reivindicación de un nuevo sentido de hogar y pertenencia, el pensamiento creativo y fuera de lo ordinario, la transformación de la escasez en abundancia, etc.).

La naturaleza íntima de estos procesos conectó a cada integrante a un nivel profundo, reforzando la sensación de estar en perfecta unión. Fortaleció a la comunidad y la preparó emocionalmente para soportar el caos de la transformación. Gracias a lo que este trabajo interno invitó a compartir, les ayudó a crecer en la comprensión mutua y a sanar las heridas del pasado. A través de las reflexiones personales y el intercambio comunitario, se transformaron personalmente y como comunidad.

VIAJE DE TRANSFORMACIÓN: PANORAMA GENERAL

El viaje de la transformación tiene un enfoque de transformación comunitaria que integra la pragmática de la planeación y la visión con procesos orientados al cambio profundo. Los procesos, como conjunto, proporcionan a las comunidades un marco para comprender colectivamente su labor de transformación y una vasija que las mantiene unidas mientras se enfrentan al caos necesario. Se trata de un enfoque multidimensional, que comprende varias etapas y es integral. En esencia, se trata de un viaje de fe comunitario con un doble objetivo: ayudar a las comunidades a discernir el llamado de Dios a una nueva vida y transformar el significado, la finalidad y la expresión vivida de la comunidad y la misión.

El viaje de transformación proporciona un método y medios para cooperar con la gracia a través del Misterio Divino de la transformación. Aunque el funcionamiento interno de la gracia en nuestra alma seguirá siendo inescrutable para siempre, el misterio humano de la transformación se hace más comprensible si tenemos en cuenta: 1) la reciente acumulación de conocimientos a través de la ciencia y las humanidades; 2) los conocimientos adquiridos a partir de innumerables experiencias de transformación que todas las personas hemos tenido personalmente y de las que hemos sido testigos en la creación; y 3) los tipos de vías de transformación que conocemos de las tradiciones de fe antiguas y contemporáneas. Con base en estos tres fundamentos se ha predicado y desarrollado este viaje de transformación.

El marco de trabajo y la vasija

El viaje de transformación es, en primer lugar, un marco de trabajo para entender la transformación comunitaria. Es probable que cada integrante de tu comunidad tenga una comprensión diferente de su situación actual y opiniones distintas sobre el enfoque necesario para el cambio o la transformación. Sin un marco de referencia común, líderes e integrantes acabarán tirando en direcciones diferentes. El viaje de transformación ofrece un marco común para comprender lo que está en juego, las opciones que se presentan y cómo comprometerse en la labor de la transformación comunitaria.

Este marco de trabajo de comprensión también establece una vasija, o entorno de contención, en el que se puede caminar colectivamente en el trabajo interior de transformación. Permite que cada persona esté de acuerdo con lo que hace y por qué lo hace. De este modo, la comunidad se orienta y se mantiene unida cuando las cosas se ponen difíciles y se desata el caos. Están con más disposición a permanecer en la lucha cuando la intimidad, la ambigüedad, el conflicto y el desorden general de la transformación evocan miedo, ira, confusión y otras emociones incómodas, aunque necesarias. El trabajo interno y su desorden se hacen más llevaderos cuando todas las personas comprenden por qué es tan necesario atravesar el caos y cómo pueden hacerlo juntas.

Multidimensional

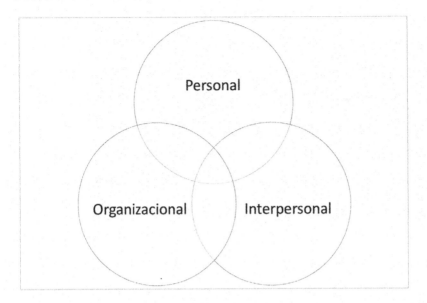

Figura 2: Transformación multidimensional

El viaje de transformación es multidimensional y holístico. Combina e integra procesos *personales* (emocionales y espirituales), *interpersonales* (relacionales y comunitarios) y *organizacionales* (estructurales y sistémicos). Por ejemplo, si falta alguno de estos tres componentes, la transformación comunitaria fracasará. Si cada integrante de tu comunidad buscara dirección espiritual o una terapia, pero evitara colectivamente las dimensiones interpersonales u organizacionales, no se produciría la transformación comunitaria. Del mismo modo, si se tratara de abordar la dinámica interpersonal en la comunidad, pero se evitaran las dimensiones personales u organizacionales, la transformación comunitaria fracasaría. Y si se centrara simplemente en los cambios organizacionales, pero descuidara el trabajo personal e interpersonal, sus esfuerzos fracasarían. La gran mayoría de las comunidades atienden a los cambios organizacionales, pero no abordan las dimensiones personales e interpersonales.

Varias etapas

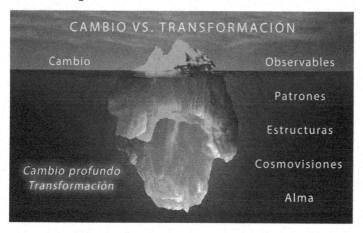

Figura 3: Cambio versus transformación

El viaje de transformación también tiene varias etapas. Aborda las realidades visibles y los retos **observables** a los que se enfrentan las comunidades y que son evidentes en la esfera de la vida comunitaria. Se trata, por ejemplo, de terrenos, edificios, finanzas, salud, ministerios y demografía. Estas son las dimensiones tangibles de la vida que suelen abordarse a través de los procesos de cambio convencionales. Estos aspectos externos de la comunidad deben cambiar para adaptarse a las presiones internas y externas. Sin embargo, centrarse únicamente en estos cambios externos no propiciará la transformación.

La transformación comunitaria también debe incluir los retos menos visibles relacionados con los patrones, las estructuras, las visiones del mundo y el alma misma de las comunidades.

Los **patrones** y prácticas de las comunidades son menos tangibles y evidentes que los elementos observables, pero determinan la forma en que sus integrantes entienden quiénes son y qué hacen. Son las formas normativas en que una comunidad concreta organiza la vida (por ejemplo, se reúne, reza, toma decisiones, forma a sus integrantes, crea confianza, gestiona los conflictos, celebra, se aflige, comparte información, gestiona los límites, ejerce poder, utiliza la autoridad, crea presupuestos, etc.). Estas prácticas incluyen lo que está escrito en los documentos de gobierno, así como lo que establecen las normas y tradiciones no escritas. Cambiar los patrones es mucho más difícil que hacer cambios superficiales, pero este tipo de cambio profundo es clave para transformar la cultura de la comunidad.

Las **estructuras** incluyen las reuniones y grupos que sostienen la vida de una comunidad tal y como es en el presente o ha sido en el pasado. Se trata de los foros de encuentro (por ejemplo, comunidades locales, asambleas, agrupaciones, etc.), las estructuras de gobierno (por ejemplo, liderazgo, comités, juntas, regiones, provincias, etc.) y todas las partes del organigrama (por ejemplo, finanzas, atención médica, formación, mantenimiento, desarrollo, comunicaciones, etc.). Para que una comunidad se transforme, debe *desestructurarse* para dar cabida al espíritu y, simultáneamente, reestructurarse para crear estructuras nuevas, más evolucionadas y flexibles, alineadas más plenamente con el futuro que una comunidad espera crear.

Las **cosmovisiones** y las mentalidades incluyen todas las formas predominantes de entender la vida tal y como es en el presente o ha sido en el pasado. Se expresa en los relatos de una comunidad, es decir, en cómo una comunidad entiende y cuenta su historia. Estas historias se revelan a través de los mitos, verdades, falsedades, suposiciones y acontecimientos que conforman y explican la vida tal y como es hoy. Son filtros que determinan lo que es real, relevante o irrelevante en la vida de sus integrantes. Las visiones del mundo y las mentalidades crean el paradigma que da forma al significado y el propósito de sus integrantes, junto con su ideología central y los valores que sustentan el paradigma.

El **alma** de una comunidad es análoga al alma de una persona. El alma es la esencia o voz interior de la comunidad. El alma es el lugar donde la Divinidad habita en lo más profundo de una comunidad y es la sede y la fuente de vida de una comunidad. Transformar el alma de una comunidad es un viaje a través de la noche oscura en la que sus integrantes se enfrentan a la brecha entre lo que dicen ser y cómo viven su vida.

Si los cambios externos, pragmáticos, se realizan sin integrar y abordar los elementos internos, subyacentes, en los que estos se insertan, no habrá transformación. Por ejemplo, puedes cambiar de lugar de residencia pero, como dicen en Alcohólicos Anónimos, "te llevarás tus patrones contigo".

En otras palabras, puedes cambiar el tamaño de tus edificios, las líneas y los cuadros de tu organigrama, la forma de dar servicios de salud a tus integrantes, pero te llevas contigo tus pautas, estructuras y mentalidades. A menos que hagas el trabajo interno, tu alma permanecerá intacta y sin cambios.

El viaje de transformación al que me refiero no sólo pretende cambiar lo superficial de tu vida, sino transformar lo que subyace. Las pautas, estructuras y visiones del mundo más profundas y, de hecho, la propia cultura y el alma de una comunidad deben transformarse para dar lugar a una mayor plenitud de vida. No son los cambios superficiales los que te transformarán, sino que es el trabajo interno más profundo el que, en última instancia, transforma una comunidad.

Integración y alineación

Figura 4: Realineación

El viaje de transformación pretende realinear la vida a todos los niveles (ver la figura 4, *Realineación*). Los objetivos son: alinear mejor el alma de la comunidad con su misión para que ambas estén más conectadas e integradas; forjar una visión que fluya más directamente de la misión de la comunidad; y establecer direcciones que estén más integralmente vinculadas a la visión. El propósito general es alinear la vida a todos los niveles para que una comunidad sea más relevante y responda mejor a las necesidades urgentes y emergentes del mundo.

Desde una perspectiva cristiana, la esencia de este viaje es el misterio pascual de la vida, la muerte, la resurrección y la vida nueva. Es un viaje que se basa en las virtudes de la fe, la esperanza y el amor. En este sentido, es más una peregrinación que un plan, más sobre el tipo de persona en la que te estás convirtiendo que un esfuerzo por crear algún tipo de visión más grande. Se trata de regresar a Dios y a los demás. Es un viaje en el que Cristo se forma en nosotros y a través de nuestra propia vida para que nos convirtamos en agentes de transformación para los demás y para nuestro mundo.

Así pues, el viaje de transformación es un enfoque multidimensional, de varias etapas y es integrador. A nivel pragmático, ayuda a las comunidades a crear un plan y una visión para su futuro. A un nivel más profundo, ayuda a las comunidades a escuchar y responder a la seducción y al amor de Dios para manifestar sus anhelos más profundos. Es un viaje que invita a una mayor plenitud y autenticidad entre cada integrante, a la vez que abraza valores como la mutualidad, el poder compartido y la sabiduría colectiva. Exige gran valentía, creatividad y tolerancia, y exige nada menos que un esfuerzo sin cuartel y sin reservas de todos los miembros de la comunidad.

DIFERENCIA ENTRE CAMBIO Y TRANSFORMACIÓN

Cuando ya no somos capaces de cambiar una situación, nos enfrentamos al reto de cambiar nuestra propia persona.
Victor Frankl

El viaje que describo tiene como objetivo la transformación, no simplemente el cambio. Estos dos términos, aunque a menudo se utilizan como sinónimos, son fenómenos cualitativamente distintos. Entre las distinciones más importantes figuran las siguientes:

1. La transformación es un proceso interno, mientras que el cambio es un acontecimiento externo;

2. La crisis conduce inevitablemente al cambio, pero sólo invita a la posibilidad de transformación;

3. La transformación implica un cambio profundo, no gradual; y,

4. La transformación es un movimiento de maduración en espiral que dura toda la vida.

La transformación es un proceso interno

El cambio es un *acontecimiento externo,* una nueva disposición de las cosas que podemos ver y tocar en la superficie de nuestra vida. La transformación, por su parte, es un *proceso interno* que genera nuevas pautas y perspectivas en respuesta al cambio. Es un proceso que tiene lugar a lo largo del tiempo y no como resultado de un acontecimiento único. Aunque la transformación siempre implica cambio, lo contrario no es necesariamente cierto. La transformación no es un concepto o una idea; es una experiencia muy visceral que va de adentro hacia afuera, del alma a flor de piel.

Puede que cambies de lugar de residencia, de ministerio, de atuendo, de relaciones, pero te llevas contigo tus pautas y perspectivas. Las comunidades pueden cambiar de estructura administrativa o fusionarse con otra comunidad, pero se llevan consigo su cultura. Es posible que las comunidades reduzcan su tamaño, vendan propiedades o contraten a una persona laica para la administración de los asuntos de salud, pero se llevan consigo su lenguaje, sus supuestos y su visión del mundo. Las comunidades pueden cambiar todos los aspectos posibles de su vida, pero su alma permanece intacta e inalterada *a menos* que realicen el trabajo interno para la transformación.

El cambio organizacional no es lo mismo que la transformación organizacional. Cambiar lo más elemental de su vida no basta para transformar una comunidad. La transformación implica un trabajo interno que implica a cada persona en procesos de cambio profundo destinados a modificar el significado y el propósito de la comunidad y su misión, patrones, prácticas, estructuras, mentalidades, habilidades y corazón, hasta su propia alma.

La crisis ofrece una invitación más profunda

La crisis insiste en el cambio y ofrece la oportunidad de escuchar una *invitación más profunda.* Una crisis, por definición, es una experiencia en la que nuestra capacidad de afrontamiento se ve desbordada por circunstancias difíciles. El estado actual ya no funciona. Nuestras habilidades de afrontamiento están al límite y sufrimos un dolor tan agudo o crónico que nos venimos abajo. Tenemos lo que eufemísticamente se llama una "ruptura". Esta ruptura es un antecedente necesario para la transformación. Debemos rompernos antes de poder abrirnos paso para avanzar. Sin embargo, la transformación sólo se produce en la ruptura si escuchamos una invitación más profunda y tomamos la decisión consciente de perseguirla.

Cuando nos derrumbamos tenemos la oportunidad de abrirnos paso, pero no es automático y no hay garantías. Tenemos que tomar decisiones y trabajo por delante. Podríamos simplemente cambiar las cosas alejándonos de los factores estresantes, reduciéndolos o aprendiendo formas nuevas y más eficaces de afrontarlos. También podemos optar por escuchar una invitación más profunda. Una crisis exige que cambiemos y nos invita a transformarnos, pero la elección es siempre nuestra. Las comunidades podrían elegir simplemente adaptarse o podrían elegir discernir lo que Dios les está pidiendo. La primera lleva inevitablemente al cambio, mientras que la segunda conduce a la posibilidad de transformación.

La transformación implica un cambio profundo

La transformación es una experiencia de cambio *profundo* frente a un cambio *gradual*. A lo largo de la mayor parte de nuestra vida cambiamos gradual y paulatinamente, acumulando y perfeccionando nuestras habilidades, acumulando conocimientos y comprensión. Sin embargo, estos periodos de relativa estabilidad y cambios graduales se ven periódicamente interrumpidos por profundas transiciones. Piaget llamó a este salto episódico "acomodación". Gregory Bateson se refirió a este concepto como "la diferencia que marca la diferencia". Los teóricos de la comunicación lo llaman "cambio de segundo orden". Cuando se refiere a organizaciones o culturas suele denominarse cambio sistémico o paradigmático. En el lenguaje de la fe, se llama conversión.

Según Robert Quinn, el cambio gradual es racional, predecible y se produce en pequeños pasos lineales. Es gradual, de alcance limitado y reversible. Hace versiones nuevas y mejoradas del pasado, extendiendo el pasado hacia el futuro. Se trata mucho más de aferrarse que de soltarse, y normalmente conduce a la entropía y a una muerte lenta (a menos que se contrarreste de algún modo). En cambio, el cambio profundo es intuitivo. Se produce a saltos repentinos y los resultados son impredecibles. Requiere una nueva forma de pensar, es de amplio alcance e irreversible. Trasciende y es discontinuo respecto al pasado. Se trata más bien de dejarse llevar y asumir riesgos con un salto de fe.[4]

La transformación es un movimiento de maduración en espiral que dura toda la vida

Crecemos en un movimiento en espiral con saltos periódicos de maduración, autotrascendencia y una conciencia en expansión. Crecemos de forma gradual durante largos periodos y periódicamente atravesamos un proceso de transformación que da lugar a cambios cualitativos en la conciencia. Estos saltos transformadores dan lugar a nuevos niveles de conciencia en los que adquirimos una perspectiva más amplia e integradora y nos vemos a nosotros mismos y a nuestro mundo de una forma totalmente nueva. Estos ciclos en espiral de maduración y crecimiento se producen a lo largo de nuestra vida mientras decidamos aceptar sus posibilidades.

La teoría de sistemas y la dinámica espiral nos muestran cómo las organizaciones y las culturas cambian de forma similar, cíclica y en espiral. En las comunidades se observan los mismos movimientos transformadores. David Nygren y Miriam Ukeritis, en sus estudios, afirman que la transformación comunitaria se refiere a "cambios cualitativos discontinuos en la comprensión compartida de la organización por sus integrantes, que se acompañan de cambios en la misión, la estrategia y las estructuras formales e informales de la organización".[5] Este ciclo en espiral continúa a lo largo de la vida de una comunidad mientras ésta decida aceptar estas posibilidades.

Así pues, cambio y transformación son dos fenómenos muy diferentes y distintos. La mayoría de las comunidades se centran en el cambio y se limitan a hablar del trabajo más profundo. Sin embargo, ambas son necesarias y deben estar íntimamente relacionadas para que se produzca la transformación comunitaria.

Pasemos ahora a explorar la naturaleza de la transformación, su conexión con el cambio y cómo este trabajo del alma proporciona un medio para cooperar con la gracia.

PARTE II:
Conecta el cambio con el trabajo interno para la transformación

Algunos grupos realizaron cambios ornamentales... cambiaron sus hábitos, pero no su corazón; su lenguaje, pero no sus ideas.
Joan Chittister

Trabajo interno y externo

El viaje de transformación *integra* el trabajo externo de planeación organizacional con el trabajo interno de la transformación. Integra los procesos de planeación estratégica necesarios para el cambio organizacional con los procesos de cambio profundo necesarios para la transformación. Estos dos procesos claramente diferentes (estratégico y aspiracional) se entretejen y combinan para proporcionar el método y los medios para la transformación comunitaria.

Una de las lecciones más importantes aprendidas de los estudios relacionados con la psicoterapia y la sanación personal es que el alivio de los síntomas y los cambios superficiales no son lo mismo que el cambio profundo y la transformación. Incluso Weight Watchers se ha dado cuenta de que la pérdida de peso por sí sola no se mantendrá a menos que se produzca un cambio en el estilo de vida. Su nueva aplicación ya no se limita a contar las calorías de los alimentos ingeridos. Enseña habilidades de afrontamiento para reducir el estrés e incluso *mindfulness*. La transformación personal es un proceso de cambio profundo, del alma hacia afuera, que promueve una nueva integración de nuestro ser emocional y espiritual interior, nuestros valores y creencias, junto con sus expresiones conductuales externas.

Las lecciones de los estudios sobre el cambio organizacional cuentan una historia similar. Los cambios superficiales pragmáticos, incluso los estructurales, no producen por sí mismos la transformación. Los esfuerzos de cambio organizacional no consiguen transformar las organizaciones si éstas descuidan el trabajo interno, cosa que hace la mayoría. Si no se aborda la cultura profunda en la que están arraigadas estas estructuras superficiales, es decir, las normas, los patrones, las visiones del mundo y, de hecho, el alma misma de una organización, no habrá transformación.

Por ejemplo, una comunidad puede fusionarse con otra, reducir el número de personas en liderazgo, redimensionar los edificios o consolidar las oficinas administrativas, con la esperanza de lograr algún tipo de transformación. Con demasiada frecuencia, las personas en funciones de liderazgo inician estos esfuerzos e intentan enmarcarlos en un contexto espiritual, con la esperanza de que sus integrantes establezcan una conexión más profunda y los acepten. Pero no funciona.

Simplemente sobreponiendo el lenguaje espiritual a lo que es esencialmente un proceso de cambio organizacional, sin proporcionar procesos que integren explícitamente ambos, tiene escaso impacto sustantivo. Las personas de la comunidad no se dejarán engañar. La retórica que no está respaldada por procesos que vinculan claramente los cambios concretos con el trabajo personal, interpersonal y organizacional de transformación no tiene un impacto duradero. Ya han oído antes estos discursos y, al no haber experimentado ningún cambio duradero, ninguna transformación real ni signos de nueva vida, se vuelven escépticos. Ya no están convencidos ni motivados por la retórica para dedicar su tiempo o energía a cambios organizacionales superficiales.

La transformación no se produce como resultado de un gran discurso, un gran artículo o asambleas únicas. No se ajusta perfectamente en líneas de tiempo artificiales, como, por ejemplo, los periodos de liderazgo. Es un proceso continuo de conversión que tiene lugar a lo largo del tiempo como resultado del compromiso inquebrantable, el coraje y la creatividad de una comunidad. *Una clave para la transformación comunitaria es integrar continuamente el trabajo interno para la transformación que involucra el corazón y el alma de cada miembro con el trabajo externo del cambio que aborda las realidades concretas de la comunidad y los planes para el futuro.*

CLAVES DEL MISTERIO

Lo que la oruga llama final, el resto del mundo lo llama mariposa.
Lao Tzu

Si la transformación es, en última instancia, un Misterio Divino, ¿cómo podemos comprenderla y, mucho menos, crear procesos que ayuden a que se produzca? ¿Cuál es nuestro papel, o sólo nos queda rezar y dejar las cosas en manos de Dios?

En una emisión de radio de 1939, Winston Churchill dijo: "No puedo pronosticarles las acciones de Rusia. Es un acertijo, envuelto en un misterio, dentro de un enigma; pero quizá haya una clave". Lo mismo puede decirse de la transformación. Su resultado no puede preverse. Nunca sabemos de antemano adónde nos puede llevar. La transformación es un enigma envuelto en misterio. Aunque la acción más íntima de la gracia sobre nuestra alma seguirá siendo siempre un misterio, la transformación en sí no está completamente oculta a nuestra comprensión. Hay tres claves que nos ayudan a desentrañar este misterio:

- *conocimiento empírico*, derivado de los recientes avances de la ciencia y las humanidades;

- *conocimiento experiencial,* obtenido a partir de reflexiones sobre nuestras propias experiencias transformadoras en la vida y presenciando las de la creación; y

- *conocimiento del alma,* cultivado a través de lo que sabemos de las tradiciones religiosas contemporáneas y antiguas y de nuestros propios viajes espirituales.

Hemos desentrañado parcialmente este misterio gracias a una vasta acumulación de conocimientos empíricos. Los estudios científicos y humanísticos modernos han arrojado luz sobre la naturaleza de la transformación. Hay algo más que alquimia y tiempo. También conocemos la transformación a través de nuestras propias experiencias. Lo presenciamos y experimentamos a lo largo de nuestra vida. Podemos aprovechar nuestra experiencia para aprender de sus caminos. Podemos recurrir a nuestros propios viajes espirituales para ampliar esta base de conocimientos. El resto, por supuesto, es misterio. Queda en manos de la fe, no de una fe pasiva y dependiente que lo entrega todo a Dios, sino de una fe madura en la que ponemos de nuestra parte.

Desentrañemos este misterio humano de la transformación tanto como podamos, porque sin alguna forma de comprenderlo, no podemos planear intencionadamente cómo comprometernos en su obra. No podemos hacer lo que nos corresponde si no sabemos cuál es nuestro papel. Consolidemos nuestras tres series de aprendizajes basados en el conocimiento y reflexionemos sobre el papel de la gracia en el misterio de la transformación. Esto nos ayudará a saber cómo podemos cooperar proactivamente con la gracia.

UN ENIGMA DEVELADO POR EL CONOCIMIENTO EMPÍRICO ACUMULADO

Hemos evolucionado como especie a lo largo de nuestros 250,000 años de existencia. En el último siglo y medio, gracias a los avances de la ciencia y las humanidades, hemos aprendido mucho sobre el desarrollo humano. Hemos desenterrado nuevos conocimientos sobre los procesos de cambio profundo en los seres humanos y en las organizaciones, así como en las comunidades y las culturas que creamos. Nuestro conocimiento del desarrollo humano, la comprensión del cambio sistémico y lo que ahora sabemos de la evolución y la historia del universo han arrojado mucha luz sobre este misterio de transformación.

DIEZ LECCIONES FUNDAMENTALES

En conjunto, ¿qué nos dicen estas distintas disciplinas del desarrollo humano, social, organizacional, cultural y evolutivo sobre la naturaleza de la transformación? Permíteme ofrecerte una síntesis: diez lecciones esenciales en las que se basa el viaje de transformación. Cinco lecciones informan los *principios*, y cinco lecciones informan los *elementos dinámicos*, que son conceptos y procesos incorporados al viaje de transformación.

Principios rectores

1. La maduración es una oportunidad para toda la vida
2. El crecimiento y la transformación se mueven en espiral
3. Nos estabilizamos durante un tiempo, luego nos transformamos
4. Nos rompemos para después abrirnos paso
5. El dolor nos impulsa, pero el amor nos arrastra

Elementos dinámicos

1. Cambios de conciencia: crear una nueva narrativa
2. Recuperar nuestra voz interior: sede y fuente de todo lo que vive
3. Reconciliación y conversión: el seno de nuestro devenir
4. Experimentación y aprendizaje: actuar para llegar a una nueva forma de ser
5. Visión transformadora: reunir la sabiduría, tejer un sueño

PRINCIPIOS RECTORES DE LA TRANSFORMACIÓN

La maduración es un viaje que dura toda la vida

Existir es cambiar, cambiar es madurar,
madurar es seguir creándose sin cesar.
Henri Bergson

La maduración es un viaje que dura toda la vida, con infinitas oportunidades para llegar a ser más de lo que estamos llamados a ser. No nos formamos previamente al nacer, ni dejamos de crecer al final de la pubertad, ni a los veintiuno o a los noventa y uno. La vida es crecimiento y el crecimiento es para toda la vida, si así lo elegimos. Ni estamos preprogramadas al nacer, ni nuestro crecimiento es un hecho. Nuestra maduración, nuestra transformación y, en última instancia, nuestro destino son el resultado de las *decisiones* que tomamos a lo largo de nuestra vida. Cuanto más vivimos, más oportunidades tenemos de elegir, pero las decisiones son nuestras y no hay garantías de éxito. En cada encrucijada hay una oportunidad para crecer, transformarse y llegar a ser más de lo que Dios quiere que seamos.

Carl Jung dijo una vez: "El privilegio de toda una vida es convertirte en quien realmente eres". En otras palabras, envejecer no es lo mismo que madurar. Tu edad sólo nos dice cuánto has durado, pero no dice nada de cuánto has arriesgado para crecer, amar, tropezar, perdonar, llorar, crear o cuidar a los demás. Cuántas veces has fracasado en estos esfuerzos importa menos que cuántas veces te has vuelto a levantar y lo que has aprendido. Al final, importa menos cuánto tiempo has vivido que cuán plenamente has vivido y cuán fiel has sido a lo que estabas llamada a ser.

El crecimiento y la transformación se mueven en espiral

Una de las principales bellezas de la espiral como concepto imaginativo es que siempre está creciendo, pero nunca cubriendo el mismo terreno, de modo que no es sólo una explicación del pasado, sino también una profecía del futuro; y mientras define e ilumina lo que ya ha sucedido, también conduce constantemente a nuevos descubrimientos.

Theodore Andrea Cook

Crecemos y nos transformamos hacia dentro, hacia fuera y en espiral ascendente. Los científicos y buscadores están descubriendo lo que las antiguas tradiciones siempre han sabido: la vida es un viaje interminable en espiral hacia lo Divino. Cada giro transformador de la espiral es un movimiento de crecimiento que nos lleva a otra meseta de desarrollo y a nuevas posibilidades. La vida puede ser tranquila durante un tiempo, pero no permanece así mucho tiempo. El río de la vida siempre cambia y se despliega. Nunca se detiene, ni se repite, ni retrocede. Puede parecer que las estaciones de nuestra vida se repiten, pero sólo en general. Ninguna temporada es un calco de la anterior.

Tenemos etapas, fases y ciclos, todos moviéndose a lo largo de una espiral. Descendemos interiormente hacia una mayor profundidad y sabiduría. Crecemos hacia el exterior, preocupándonos más por los demás y por el mundo en que vivimos, con mayor capacidad de empatía, amor y apreciación de la belleza. Ascendemos, subsumiendo y trascendiendo fases de desarrollo previas, ampliando así nuestra capacidad para una moralidad más matizada y la plenitud de la vida. Nuestro crecimiento en espiral es dinámico. Es un movimiento de adentro hacia afuera, de alma a superficie, orientado hacia el futuro y abierto, una trayectoria teleológica hacia una mayor unión con el Dios del futuro.

Debemos honrar cada etapa, fase o movimiento a lo largo del viaje. A medida que ascendemos en la espiral, con cada nuevo nivel de madurez, es importante respetar los niveles anteriores. Cada nivel es necesario y adecuado para su época. Tenemos que honrar cada nivel por lo que es y no juzgar uno como *mejor* o *peor* que otro, igual que no juzgaríamos a un niño de 7 años como mejor que uno de 3, o una estación de la vida como mejor que otra. Hay limitaciones, dones, retos y sabiduría en todos los niveles y todos forman parte de la espiral continua de crecimiento y transformación.

Nos estabilizamos durante un tiempo, luego nos transformamos

Debemos estar dispuestos a renunciar a la vida que hemos planeado,
para tener la vida que nos espera.
E.M. Forster

El movimiento en espiral es continuo en general, pero no es lineal ni escalonado. Nos estancamos durante un tiempo, luego nos transformamos periódicamente y saltamos a nuevos niveles. Cuando nos estancamos, adquirimos conocimientos, perfeccionamos habilidades, integramos y consolidamos nuestros logros y desarrollamos confianza. Estos periodos de relativa estabilidad y consolidación se ven interrumpidos por saltos transformadores periódicos en los que cambian nuestros esquemas fundamentales para entendernos a nosotros mismos y a nuestro mundo. Es un cambio de paradigma, de visión del mundo, de memes o de mentalidad. En términos informáticos, hemos adquirido un sistema operativo nuevo y diferente. Tanto nuestro software como la información recopilada se procesan de una manera fundamentalmente distinta.

Crecemos a tropezones. Las fases pueden despertar, surgir, desvanecerse, fusionarse, retroceder o trascender, pero nunca se eliminan. Aunque estemos predominantemente en una fase, nunca estamos puramente en una misma. A menudo, existimos en una mezcla borrosa de fases superpuestas. Podemos retroceder una o dos fases, pero nunca podemos saltarnos una o dos. La regresión nos devuelve a las viejas costumbres. Lo ideal sería que fuera de ida y vuelta, lo que nos daría la oportunidad de volver atrás y reintegrar lo que antes no se integró con éxito. Por ejemplo, una pérdida actual puede desencadenar pérdidas anteriores que no se superaron con éxito en el pasado. Esto nos da la oportunidad de revisar nuestro dolor de una nueva manera. Con mayor madurez, podemos llorar nuestras pérdidas, antiguas y nuevas, con mayor integración y resolución.

Nos rompemos para después abrirnos paso

*Quien encuentre su vida, la perderá, y quien pierda su
vida por mí, la encontrará.*

Mateo 10:39

*Así es la naturaleza, una de las paradojas más angustiosas de la vida, que
nos rompemos para después abrirnos paso.* Tenemos que caer para crecer.
Tenemos que morir de alguna manera, desprendernos de alguna persona,
lugar, cosa, creencia o modo de vida preciados, para poder dar el giro. La
vida y la muerte, la luz y la oscuridad, el yin y el yang, son bifurcaciones
artificiales e ilusorias de un todo no divisible. La muerte allana el camino a
la resurrección, una transformación que es tan desordenada y dolorosa de
experimentar personalmente como hermosa y emocionante de presenciar
en las demás personas y en la creación. Nos preocupamos y agonizamos
por la posibilidad de morir en la primera fase de la transformación, pero
encontramos la liberación y una nueva vida al otro lado.

La vida no es un juego de perfección, sino un juego de recuperación. Todos
somos frágiles. Todas caemos, fracasamos y cometemos errores. Y todo esto
es necesario para que crezcamos. La crisis y la ruptura preceden y provocan la
transformación. No hay forma de evitarlo: "El que quiere azul celeste, que le
cueste". Así es la naturaleza. Si no hay muerte, no habrá metamorfosis, ni nueva
vida, ni futuro. Debemos perdernos para volver a encontrarnos (Mateo 10:39).

El grado de éxito con el que una persona pasa de una fase a la siguiente influye
en su capacidad para avanzar por las próximas. Superar con éxito cada nueva
fase fortalece nuestra capacidad y refuerza la confianza para pasar al siguiente
obstáculo de desarrollo. Sin embargo, las fases y las páginas incompletas o
fallidas arrastran las dudas residuales y los asuntos pendientes a los siguientes.
Los fracasos o las fijaciones nos estorban, pero no estamos condenados como
mercancía dañada. La sanación, el trabajo de reparación, la recuperación y la
redención pueden tener lugar en cualquier momento a lo largo de toda nuestra
vida. Nunca es demasiado tarde.

El dolor nos lleva a la encrucijada, pero el Amor nos impulsa

Por eso, ahora voy a seducirla; la llevaré al desierto y le hablaré con ternura.

Oseas 2:14

Es el dolor el que nos lleva a la encrucijada, pero es el Amor el que nos impulsa. Las crecientes presiones internas y externas de la vida nos provocan y, a la larga, nos obligan a cambiar. El dolor y el sufrimiento nos llevan al umbral de la transformación, pero es el Amor el que nos impulsa a pasar al otro lado. Dios nos atrae al desierto. Y es tanto a través de nuestros esfuerzos como en nuestra cooperación con la gracia, que verdaderamente nos transformamos. La transformación requiere tanto el anzuelo (el sufrimiento) para empujarnos a la encrucijada, como la carnada (el Amor) para arrastrarnos al otro lado. El dolor nos roe para que abandonemos nuestra complacencia y nos movamos, y el Amor nos señala hacia dónde anhelamos ir. El sufrimiento nos mantiene con los pies en el fuego hasta que finalmente nos soltamos, y dejamos morir lo que tiene que morir, para permitir que el Amor nos despierte, la compasión nos lleve, y la gracia nos transforme.

En una encrucijada de gracia, Dios nos seduce al crisol de la transformación. El dolor que tanto deseamos que desaparezca resquebraja la coraza de nuestra armadura psicológica, de nuestros corazones endurecidos y de nuestra arrogancia. La coraza que nos ha protegido también nos ha impedido experimentar la gracia de Dios. Estos dolorosos momentos de encuentro con Jesús son un sufrimiento necesario porque rompen la coraza y permiten que la gracia de Dios se abra paso. El dolor del que tan desesperadamente queremos escapar, el dolor que nos metió en este lío para empezar, y para el que queremos respuestas, nunca recibe la respuesta que esperamos. Lo que recibimos, en cambio, es gracia y respuestas que antes no podíamos entender ni concebir. En última instancia, es a través del Amor como podemos soportar el dolor de desprendernos, dar sentido al dolor y transformar nuestro sufrimiento para que pueda surgir una nueva vida.

ELEMENTOS DINÁMICOS DE LA TRANSFORMACIÓN

Cambios de conciencia: crear una nueva narrativa

Con cada movimiento que hacemos... estamos dictando las siguientes líneas del texto llamado nuestra vida, componiéndolo sobre la marcha.

Mary Catherine Bateson

Cada salto en el desarrollo constituye un cambio o transformación de la conciencia y abre la puerta a una nueva narrativa en nuestra vida. Cada nuevo giro crea en nosotros una nueva conciencia y una nueva forma de ser. Esta transformación de la conciencia nos eleva en la espiral, y crecemos hacia una mayor sofisticación. Intelectualmente, podemos captar ideas más complejas, matices, ironías y paradojas. Desde el punto de vista relacional, adquirimos mayor empatía y aprecio por las situaciones socialmente más complejas y los matices morales.

Poco a poco, maduramos mediante la acumulación de conocimientos y con cada salto transformador crecemos en sabiduría. En cada vuelta de la espiral nos movemos más allá de los confines de paradigmas anticuados. Trasladamos los límites de nuestras propias cercas mentales para abarcar un paisaje más amplio y una nueva visión del mundo. La evolución del cerebro nos dio la corteza cerebral, capaz de hacernos saltar de la prosa a la poesía, de las matemáticas básicas a la física cuántica, de tocar escalas en el piano a tocar Brahms. La evolución de la conciencia humana nos dio la capacidad de saltar de los instintos tribales al altruismo, y de las perspectivas egocéntricas a las que se centran en el mundo y de las formas de pensar opuestas a despertar nuestra totalidad oculta.

Incluir y *trascender* es el estribillo constante en cada giro de la espiral. Cada nuevo giro recoge y arrastra consigo todo lo que le precedió, incluyendo, transformando y trascendiendo todo lo que fue. La ley del universo nos asegura que nada está perdido. No se pierden los recuerdos anteriores ni la existencia o las energías vitales. Se subsumen y se trascienden, se reorganizan y se reintegran, se transforman y se hacen nuevos, pero nunca se pierden ni se dejan atrás. Todo lo que alguna vez fue, sigue siendo. Todo lo que alguna vez fue, es ahora y todavía no. Nosotros, y nuestro universo, somos obras en curso, en constante transformación, trascendiendo e incluyendo lo que había antes en algo aún mayor, la historia eterna siempre en desarrollo.

Recuperar nuestra voz interior: sede y fuente de todo lo que vive

Hay en todas las cosas visibles... una totalidad oculta.

Thomas Merton

En cada giro de la espiral, en cada salto de madurez, nos despojamos de vestigios desgastados de nosotros mismos y reivindicamos de nuevo nuestra propia voz interior, sede y fuente de todo lo que vive. Con cada giro, se desprenden capas de nuestro falso yo. Nos volvemos de nuevo hacia el interior, hacia el alma-verdad de lo que somos, hasta que nuestro verdadero yo emerge de nuevo. Cada giro es regresar a nuestra alma, un retorno a la totalidad oculta. Volvemos a la fuente oculta de la vida y nos convertimos más plenamente en lo que estamos destinados a ser, más plenamente en lo que Dios nos llama a ser. Nos sentimos atraídos por *lo más*, por ese anhelo primordial de volver al alma. Y podemos volver al alma más vivas, más completas, más nosotros mismos que antes.

A medida que maduramos, crecemos en singularidad y complejidad. Nos individualizamos, diferenciamos y distinguimos del rebaño. Crecemos en nuestra verdad y en nuestra capacidad de decirla. Sentimos más comodidad en nuestra propia piel, más seguridad y arraigo en nuestro ser, lo que nos ayuda a escuchar mejor la verdad de los demás y a dejarnos influir por ella. Cuando somos más jóvenes, queremos probarlo todo. Queremos el plato de muestra. Pero, como le gusta decir a mi padrastro de 101 años: "A mi edad, sé lo que me gusta y lo que no". Crecemos conociendo nuestros gustos, reivindicando nuestros deseos y necesidades, y descubriendo nuestros dones y talentos. Al hacerlo, el universo crece con nosotros. El universo busca la diversidad frente a la uniformidad y la creatividad frente a la conformidad. Crece en y a través de la panoplia de diversidad aportada por cada forma de vida que reclama su singularidad y madura hacia la plenitud.

Reconciliación y Conversión: el seno de nuestro devenir

La plenitud no significa perfección, sino aceptar el quebrantamiento como parte integral de la vida.

Parker Palmer

Avanzamos en espiral hacia una mayor plenitud y conexión a través de la reconciliación y la conversión, la matriz de nuestro devenir. El universo tiene apetito de totalidad. Llámalo autopoiesis, si quieres, pero tenemos un impulso inherente de organización y una capacidad innata para avanzar hacia la unidad y la totalidad. No nos gusta que falten piezas en nuestros rompecabezas, que queden cosas pendientes o tensiones sin resolver. Queremos las cosas enteras, resueltas, conectadas y completas. De ahí que cada vuelta de la espiral sea un proceso de reconciliación, reconexión y reintegración de lo que, de otro modo, habría estado roto o desconectado. El proceso de reconciliación y conversión es el crisol mismo de la transformación, donde nos forjamos de nuevo.

Todas las formas de vida, cada una en su singularidad, son hebras de la frágil red de la vida, partes de un todo, no aisladas y separadas, sino trenzadas. Es sólo en nuestra ilusión de separación, y en la ruptura que creamos, cuando esta telaraña parece deshilacharse. Somos interdependientes con todo lo que existe. Ninguna vida cohabita sola: ni una célula, ni una persona, ni una nación, ni un planeta. Cuando nos transformamos en un nuevo nivel de la espiral, podemos verlo más claramente. Pasamos del egocentrismo a la empatía, la compasión, la generatividad y la preocupación altruista por los demás. Aumentamos nuestra preocupación por la red de la vida, nuestro hogar común. Nos volvemos más deseosos y capaces de intimar, más conscientes de que todos estamos juntos en esto.

A medida que ascendemos en la espiral, podemos ver con mayor claridad y conmoción que estamos llamadas a una conversión y sanación más profundas. Cada salto transformador es un ejercicio de reconciliación, de restauración de la integridad y de sanación de las heridas que nos han separado y han dañado la red de la vida. Cuanto más maduremos, más podremos abrazar la diversidad y tender puentes de entendimiento. Nos volvemos más capaces de intercambiar mutuamente ideas, energías y talentos con los demás, sin perder nuestra propia identidad. Nos transformamos en y a través de nuestras relaciones reconciliadas con las demás personas y, al hacerlo, restauramos la frágil red de la vida.

Experimentación y aprendizaje: actuar para llegar a una nueva forma de ser

Primero está la caída, y luego nos recuperamos de la caída.
Ambas cosas son la misericordia de Dios.
Juliana de Norwich

Cada nuevo giro de la espiral exige experimentación y aprendizaje, y nos obliga a actuar para llegar a una nueva forma de ser. No tenemos una imagen clara, ni un camino claro, ni garantías de éxito mientras tanteamos e intuimos nuestro camino. Vivimos la vida hacia adelante, pero la entendemos hacia atrás. Una vez que subimos a una vista más alta, podemos mirar atrás y ver dónde hemos estado. Cuando atravesamos un nuevo pasaje, siempre es un salto de fe, y siempre implica un riesgo. Si intentamos reducir el riesgo insistiendo en un final diseñado por nosotros mismos, sólo conseguiremos más sufrimiento. No podemos predecir, diseñar ni controlar el resultado de las experiencias transformadoras. Eso es lo que lo hace todo tan terriblemente desconcertante. Por eso Joseph Campbell se refirió a él como un viaje heroico.

Cuando empezamos a crecer hacia una nueva fase, tanteando y clamando por llegar al otro lado, nos paramos sobre piernas enjutas. Aún no comprendemos del todo ni estamos totalmente equipados para esta nueva fase de desarrollo. Tenemos que volver a ser aprendices adoptando una mentalidad de principiantes. Tenemos que experimentar y adquirir una nueva mentalidad, habilidad y un nuevo corazón. Tenemos que fracasar y fallar. Poco a poco, acumulamos conocimientos, perfeccionamos y dominamos nuestras habilidades, y nos afianzamos en esta nueva etapa. Es, como nos enseñó Teilhard de Chardin, la evolución en acción.

Visión transformadora: reunir la sabiduría, tejer un sueño

Me encantaría vivir como fluye un río, conducido
por la sorpresa de su propio curso.
John O'Donohue

Cada nuevo giro en la espiral es un proceso de visión transformadora en el que recogemos la sabiduría y tejemos un nuevo sueño. Cada nuevo giro de la espiral gira el caleidoscopio y hace aparecer una imagen totalmente nueva. Los elementos del caleidoscopio son los mismos, una mezcla de nuestras realidades y nuestros anhelos más profundos, pero cuando se transforman y ordenan de nuevo, crean una nueva visión. Cuando llegamos a una encrucijada, no podemos ver de antemano la visión del futuro. No podemos saber de antemano cómo será la vida con todas sus vueltas y revueltas. En cambio, nos dejamos llevar por nuestras esperanzas y sueños, por la sorpresa de su propio curso.

La visión del futuro no es algo que podamos fabricar según nuestras especificaciones exactas. Es orgánica, emergente e iterativa. Es *orgánica*, derivada de la vida, no se crea de manera artificial. Es *emergente*, sólo muestra un atisbo de sí misma a medida que avanzamos, cada paso dado revela el *siguiente mejor paso* a seguir. No podemos saber de antemano lo que habrá al otro lado, igual que una oruga no sabe que se convertirá en mariposa. Es *iterativo*, en el sentido de que articulamos una versión, luego otra, cada vez añadiendo claridad, textura, totalidad y profundidad. Es como si iniciáramos un giro a lo largo de la espiral, sosteniendo sólo unos pequeños trozos de un vitral. Con el tiempo, reunimos más piezas. Se revelan más cosas hasta que todo un mosaico, como el rosetón de Notre Dame, queda a plena vista.

UN ENIGMA DEVELADO POR EL CONOCIMIENTO EXPERIENCIAL

Lo más bello que podemos experimentar es lo que nos resulta misterioso. Es
la fuente de todo arte y ciencia verdaderos. Aquel a quien la emoción le es
ajena, que ya no puede detenerse para maravillarse y permanecer envuelto

en asombro, está como muerto; sus ojos están cerrados. La comprensión del misterio de la vida, unida al miedo, también ha dado lugar a la religión. Saber que aquello que para nosotros es impenetrable realmente existe, que se manifiesta como la más alta sabiduría y la más radiante belleza, sobre la cual nuestras embotadas facultades sólo pueden comprender en sus formas más primitivas, este conocimiento, esta sensación, es la verdadera religiosidad".

Albert Einstein

A nuestra base de conocimientos empíricos, los diez aprendizajes fundamentales, se añade nuestro propio conocimiento experiencial de la transformación. La transformación de la vida, a través de la muerte y el nacimiento de una nueva vida, es una experiencia tan común que a veces no nos damos cuenta de que participamos en este asombroso misterio. Es un misterio oculto a plena vista. La muerte nunca ha tenido la última palabra. *Siempre* es un nuevo comienzo. Todo nuevo comienzo es siempre el final de otro comienzo. Sin embargo, este misterio es tan omnipresente que podemos perder de vista el milagro que realmente es: el movimiento diurno del crepúsculo a la oscuridad y de la oscuridad al amanecer; las semillas que brotan, florecen, mueren y vuelven a la vida la próxima primavera; la metamorfosis de la oruga en mariposa o de un embrión en bebé; la muerte de la inocencia y el nacimiento de la sabiduría; la pérdida de alguien o algo que amábamos, que abre una puerta a alguien o algo nuevo.

Hemos vivido experiencias transformadoras repetidamente a lo largo de nuestra vida. Conocemos este misterio, y conocemos el trabajo interno para la transformación, cuando atravesamos nuestras propias experiencias en las noches de oscuridad. Sabemos de él cuando sufrimos una crisis emocional o espiritual, perdimos a alguien o algo que nunca hubiéramos imaginado perder, sólo para resurgir como nuevos, más compasivos, más sabios y más vivos que antes. Lo conocemos cuando nos llama un amor profundo que nos atrae de nuestra aburrida existencia a otra con sentido, propósito y pasión. Lo conocemos cuando hemos transformado la tragedia en triunfo, el conflicto en creatividad y el sufrimiento en compasión. A lo largo de nuestra vida tenemos innumerables experiencias de finales (grandes y pequeños) que conducen a una nueva vida.

Aunque más adelante profundizaremos en este tipo de reflexiones, piensa por un momento sobre tus propias experiencias de transformación. El ejemplo más obvio de esto para los religiosos y religiosas podría ser su llamado vocacional a la vida religiosa. O, para los laicos, reflexiona sobre tu llamado a un ministerio concreto, al matrimonio o a otro compromiso de votos.

Cuando asumiste este tipo de compromisos, estos saltos de fe, no te limitaste a cambiar de dirección o de título. Cambiaste tu ritmo y tus pautas de vida, la forma en que celebrabas, te afligías, rezabas y tomabas decisiones. Cambiaste tus relaciones primarias en la vida. Cambiaste tu relación con Dios y el significado y propósito de tu vida. Tu identidad cambió profundamente. Te transformaste por completo, radicalmente y para siempre, tu alma se animó de una manera totalmente nueva.

Si reflexionas sobre una experiencia de transformación que hayas tenido en tu propia vida, reconocerás que tuviste algo que ver en ella. No te ha pasado sólo a ti. Participaste activamente en la transformación de tu vida. Hiciste tu propio trabajo interno para superarlo. Confiaste en los demás y en la gracia para ayudarte.

Si reflexionamos sobre nuestras propias experiencias pasadas, veremos cómo tuvimos que desprendernos deliberadamente de lo viejo para dar lugar a lo nuevo. Podemos ver cómo crecimos y nos transformamos de manera trascendente. Podemos ver cómo preservamos el núcleo de nuestra identidad, a la vez que nos desprendemos de la vieja mentalidad, disposición del corazón y habilidades en favor de nuevas formas de ser. Podemos ver que pasamos a un nuevo nivel de conciencia más amplio con cada salto evolutivo en nuestra vida, aceptando la diversidad, con más empatía e interdependencia, y con más matices de moralidad. El misterio de la transformación se hace más comprensible a la luz de nuestras propias experiencias vividas y de las percepciones que éstas nos proporcionan.

EL CONOCIMIENTO DEL ALMA: UN MISTERIO DIVINO CONOCIDO POR LA FE

La gran herejía ha sido convertir la oscuridad de la fe en certeza. No hay asombro, ni admiración, ni humildad. No hay misterio.

Richard Rho

La transformación es un misterio que se comprende en parte a partir de la experiencia y el conocimiento empírico. Pero al final de todo nuestro conocimiento experimental y empírico, al final de toda razón, la transformación es un misterio que conocemos por la fe. Allí donde el conocimiento y la experiencia nos dejan, la fe nos ayuda a caminar en la peregrinación de la transformación. Justo cuando pensábamos que teníamos todas las respuestas, alguien cambia las preguntas. Cuando nos vemos abocados a una encrucijada, la vida que hemos conocido empieza a desmoronarse. El desglose sirve para algo. Estamos despojadas de toda pretensión, vaciadas de toda arrogancia y vaciadas por una razón. Este vaciamiento *(kenosis)* nos hace más susceptibles a la acción de la gracia y a la irrupción del amor del pacto de Dios.

Piensa en una crisis que hayas vivido en tu vida, una crisis que te haya puesto de rodillas. Estos momentos de vuelta a Jesús nos llevan a una encrucijada en la que volver a donde estábamos ya no es una opción, y el camino a seguir parece imposible de imaginar. Aquí es donde damos un paso adelante en la fe. Edward Teller lo describe bien: "Cuando llegas al final de toda la luz que conoces y es el momento de adentrarte en la oscuridad de lo desconocido, la fe es saber que sucederá una de dos cosas: O se te dará algo sólido en lo que apoyarte o se te enseñará a volar".[6]

Reflexiona, un momento, sobre el papel que ha desempeñado tu fe a lo largo de estas experiencias transformadoras. Recuerda cómo tu fe te ayudó a salir adelante cuando la razón ya no podía hacerlo. Reflexiona sobre lo que tu fe te ha enseñado sobre la naturaleza de la transformación, sobre tu papel y el papel de la gracia. Este es el conocimiento, la sabiduría, que conocemos en nuestra alma.

Dar un paso en la fe no ocurre sin nuestra propia voluntad y no nos transformamos sin nuestro arduo trabajo interno. Estas experiencias no nos ocurren porque sí. No atravesamos estas encrucijadas como espectadores pasivos llevados por la gracia o como marionetas cuyos hilos mueve algún dios titiritero. Las buenas intenciones no bastan para transformarnos. Las oraciones por sí solas no nos transformarán. Tenemos que actuar. Tenemos que hacer nuestra parte, nuestro trabajo interno, y rezar para que las acciones estén de acuerdo con la gracia. Rezamos para que Dios nos acompañe en el camino. Tenemos que aprender a actuar en cooperación con la gracia, la praxis misma de la fe, del trabajo interno para la transformación.

COOPERAR CON LA GRACIA A TRAVÉS DEL TRABAJO INTERNO PARA LA TRANSFORMACIÓN

Y le dije a la persona que estaba en la puerta del año: "Dame una luz para que pueda caminar con seguridad hacia lo desconocido". Y él respondió: "Sal a la oscuridad y pon tu mano en la mano de Dios. Eso será para ti mejor que la luz y más seguro que un camino conocido".

Minnie Haskins

Así pues, la transformación es en parte un Misterio Divino, siempre inescrutable y dependiente de la gracia. Y es, en parte, un misterio humano que comprendemos cada vez mejor a través de una acumulación de conocimientos empíricos, percepciones de nuestras propias experiencias transformadoras y el conocimiento de nuestra propia alma al que llegamos por la fe. Es esta parte humana la que depende de nuestra participación activa, de nuestro propio esfuerzo, de nuestra voluntad y capacidad de cooperar con la gracia. Pero, ¿cómo cooperamos con la gracia? ¿Cómo nos disponemos a la acción de la gracia?

Los cinco elementos dinámicos descritos anteriormente son las vías principales para comprometernos en el trabajo interno para la transformación. Estos procesos clave, cuando se combinan y entretejen, proporcionan el método y los medios para cooperar con la gracia. Estos son los elementos dinámicos, o procesos clave, que comunican el viaje a la transformación:

1. Cambios de conciencia: crear una nueva narrativa

2. Recuperar nuestra voz interior: sede y fuente de todo lo que vive

3. Reconciliación y conversión: el seno de nuestro devenir

4. Experimentación y aprendizaje: actuar para llegar a una nueva forma de ser

5. Visión transformadora: reunir la sabiduría, tejer un sueño

Tu comunidad puede cambiar sus recursos, pero no se transformará sin un *cambio de conciencia*. Puedes escribir tus declaraciones de misión y visión, pero si no *recuperas tu voz interior*, estas palabras no tendrán la autenticidad, la pasión y la apropiación necesarias entre cada integrante para hacerlas realidad. Tu comunidad puede intentar evitar las tensiones y los conflictos que forman parte de cualquier organización humana, pero no llegará a ser completa sin hacer el trabajo de corazón de la *reconciliación y la conversión*. No darás a luz una nueva vida a menos que te conviertas en una comunidad de aprendizaje dispuesta a arriesgar, *experimentar y aprender* nuevas mentalidades, corazones y habilidades para apoyarla. No *transformarás tu visión* para el futuro a menos que escuches el encanto y el amor de Dios y des voz a tus anhelos más profundos.

Estos elementos dinámicos representan el corazón del trabajo interno para la transformación, el tipo de trabajo que las personas y las comunidades deben realizar para cooperar con la gracia y participar en el Misterio Divino de la vida, la muerte y la resurrección a una nueva vida. Ninguno de estos elementos es independiente. Deben traducirse en procesos que entrelacen y conecten cada uno de estos elementos. El movimiento combinado y dinámico de estos cinco procesos es lo que da lugar a una nueva vida y a una nueva forma de estar en el mundo. Tu éxito dependerá, en gran medida, del valor, el compromiso y la creatividad que aportes a estos procesos. El resto es gracia.

DISPUESTOS A LA GRACIA MEDIANTE LAS VIRTUDES DE LA FE, LA ESPERANZA Y EL AMOR

El amor es la verdadera meta, pero la fe es el proceso para llegar a ella, y la esperanza es la voluntad de vivir sin resolución ni cierre.
Richard Rho

Podemos poner de nuestra parte para cooperar con la gracia, pero ¿cómo nos disponemos a la acción de la gracia? ¿Cómo podemos conducirnos a lo largo del viaje de transformación de manera que seamos más susceptibles a la gracia, para que la gracia pueda entrar? Según Juan de la Cruz, la mejor manera de atravesar la noche oscura es profundizando en las virtudes de la fe, la esperanza y el amor. En otras palabras, nos disponemos a la gracia alimentando las virtudes de la fe, la esperanza y el amor, la mayor de las cuales es el amor (1 Corintios 13:13).

Dispuestos a la gracia por la fe

La razón es, de hecho, el camino hacia la fe, y la fe toma el relevo
cuando la razón no puede decir más.
Thomas Merton

Nos hacemos más susceptibles a la gracia cuando caminamos en la fe. Nos disponemos a la gracia escuchando a Dios, contando con su alianza de estar con nosotros y haciendo lo que tiene sentido. "La fe es la certeza de lo que se espera, la convicción de lo que no se ve" (Hebreos 11.1.). Con la vista puesta en la fe, ¿qué podría estar diciéndote Dios? ¿Qué te dicen tus actuales demandas de cambio sobre una invitación más profunda? ¿Estás escuchando, discerniendo y haciendo lo que tiene sentido, lo que puede hacer sonreír a Dios?

Thomas Merton se hizo el mismo tipo de preguntas que tú te estás haciendo, y ellas le llevaron a esta oración ahora tan familiar y adecuada:

"Dios mío, no tengo ni idea de hacia dónde voy. No veo el camino delante de mí. No puedo saber con certeza dónde acabará. Yo tampoco me conozco realmente, y el hecho de que crea que sigo tu voluntad no significa que realmente lo haga. Pero creo que el deseo de complacerte de hecho te complace. Y espero tener ese deseo en todo lo que hago. Espero no hacer nunca nada que no sea ese deseo. Y sé que si lo hago me guiarás por el camino correcto, aunque yo no sepa nada de él. Por eso confiaré siempre en ti, aunque parezca que estoy perdido y en la sombra de la muerte. No temeré, porque siempre estás conmigo, y nunca me dejarás solo ante mis peligros".[7]

Es posible que nunca veas los resultados de tu trabajo, pero sé que, como persona de fe, tienes el deseo de agradar a Dios. Este viaje está guiado más por la fe y el deseo de agradar a Dios que por planes estratégicos y agendas razonadas. No existe un plan estándar, un programa de siete puntos o un camino seguro hacia el éxito. El camino que tendrás que tomar es el que hagas sobre la marcha. Se hace dando un paso cada vez, deteniéndose, discerniendo y eligiendo el siguiente mejor paso. *Cooperamos con la gracia mediante nuestra fe, nuestra escucha y nuestro discernimiento: "De día, el Señor iba delante de ellos en una columna en forma de nube para guiarles por el camino, y de noche, en una columna de fuego para alumbrarles, de modo que pudieran viajar de día o de noche" (Éxodo 13,21).*

Hemos oído una y otra vez que el viaje en sí es el destino o, como dicen algunos, cómo llegas es a donde llegas. Se trata de cómo viajamos juntos y en quiénes nos vamos convirtiendo por el camino. Se trata de tener más autenticidad, reconciliación, gracia y tener la pasión y el compromiso con la plenitud y la alegría de vivir. Se trata de convertirnos más en lo que estamos destinados a ser, imágenes de Dios, el Amor encarnado. ¡Ese es el final del juego!

Moisés nunca llegó a la tierra prometida, aunque, sentado junto a Dios, desde el otro lado del camino, la vislumbró. Puede que nosotros tampoco lleguemos nunca a la tierra prometida en nuestra vida; aunque también hemos tenido vistazos. Y son estos vistazos, aunque fugaces, los que renuevan nuestra fe. Es en estos momentos fugaces, cuando nos sentamos con Dios a compartir nuestros anhelos más profundos, cuando nos sentimos reconfortados por el amor de Dios, seguros del camino que estamos recorriendo y fortalecidos en nuestra fe para seguir adelante.

Cuando nos disponemos así a la gracia, tenemos la seguridad de la alianza de Dios y la promesa de una vida nueva. La *alianza de Dios es inquebrantable*: "Cuando pases por las aguas, yo estaré contigo; y cuando pases por los ríos, no te arrastrarán. Cuando pases por el fuego, no te quemarás; las llamas no te abrasarán" (Isaías 43:2). La *promesa de Dios es inequívoca*. La promesa de Dios a Moisés, a los israelitas y a sus descendientes, y a los que seguimos a Dios con fe, es que seremos salvos (Éxodo 19-34). Las personas y las comunidades que cooperan con la gracia siendo firmes en su fe serán acompañadas por Dios y tendrán asegurada una nueva vida, tal vez no dentro de nuestro calendario preferido, tal vez no de la manera que imaginamos, pero seguramente dentro del de Dios.

Dispuestos a la gracia por la esperanza

La esperanza empieza donde acaba el optimismo.
Sandra Schneiders

Nos abrimos a los caminos de la gracia a través de una *esperanza que conoce un futuro más allá de nuestro entendimiento, pero a nuestro alcance.* Aunque tendrás tus objetivos y resultados deseados, el viaje de transformación no se basa únicamente en ellos. Yace también, sobre todo, en una esperanza que depende de la promesa divina de una vida nueva.

Este tipo de esperanza no es una ilusión excesivamente espiritualizada ni un intento de ver la vida a través de unos lentes color de rosa. Se trata de echar una mirada larga y amorosa a lo que es real, ver sus retos y oportunidades, y saber que en las dificultades no estamos solos. Es experimentar, incluso en la aparente imposibilidad de todo, una confianza total en la providencia de Dios. No se trata de una dependencia pasiva de Dios, ni de una liberación de la responsabilidad personal. Es una esperanza activa que requiere nuestra participación responsable y nuestra colaboración con Dios y entre nosotros para hacerla realidad.

El discurso presidencial de salida de Marcia Allen en la Conferencia de liderazgo de mujeres religiosas (LCWR) se titulaba *Transformación: un experimento de esperanza.* Estamos envueltos en una sensación de inutilidad, haciendo más de lo mismo de la forma más agotadora y enervante... prevalece el *statu quo*... Después de haber probado todo lo racional; después de haber articulado las soluciones y haber fracasado; cuando el viejo lenguaje se convierte en cenizas en nuestra boca, entonces nos vemos reducidos al silencio. Es entonces cuando se activa la esperanza".[8] Es entonces cuando sentimos más receptividad a la gracia de Dios y al amor seductor de Dios.

Este trabajo de transformación y tu fidelidad a los compromisos de tu vida no pueden estar ligados a la esperanza de obtener resultados. Thomas Merton lo sabía cuando rezaba sólo para agradar a Dios. En la ya famosa oración escrita para conmemorar a Óscar Romero, *Un futuro que no es el nuestro*, se nos anima a tener una visión a largo plazo: "Puede que nunca veamos los resultados finales, pero ésa es la diferencia entre el maestro de obras y el obrero".[9] Václav Havel captó su esencia cuando dijo que la esperanza "no es la convicción de que algo saldrá bien, sino la certeza de que algo tiene sentido, independientemente de cómo resulte".[10]

Joan Chittister, en su libro *Scarred by Struggle, Transformed by Hope*, nos dice: "No hay nadie que no baje a la oscuridad donde las aguas no fluyan y nos muramos de hambre por falta de esperanza".[11] Sin embargo, en la hambruna, en la lucha misma, se encuentra el semillero de la esperanza. La esperanza surge a través del proceso de conversión. Nos transformamos y nuestra transformación, dice, "conlleva una metamorfosis total del alma".[12] Todos conocemos este lugar, el lugar donde nos forjamos en esta oscuridad y nos transformamos por la esperanza que emerge a través de la lucha. La esperanza nos permite soportar la oscuridad, prevalecer en la lucha y transformar nuestra alma.

¿Hay esperanza para tu comunidad? Hay esperanza en el futuro siempre que tu esperanza sea una esperanza activa, no una esperanza pasiva hecha sólo de oraciones. En su libro, *Esperanza activa*,[13] Joanna Macy y Chris Johnstone destacan la diferencia entre la esperanza como algo que *tenemos* y la esperanza como algo que *hacemos*. Insisten en la necesidad no sólo de tener esperanza, sino también de poner de nuestra parte para hacerla realidad. Actuar con esperanza en favor de tu comunidad te dispondrá a la acción de la gracia.

Disposición a la gracia a través del amor

Ningún ojo ha visto, ningún oído ha oído y ninguna mente ha imaginado lo que Dios ha preparado para los que le aman.
1 Corintios 2:9

Tina Turner pregunta: "¿Qué tiene que ver el amor con todo esto?" Al fin y al cabo, es una "emoción pasajera", una "dulce noción anticuada". "¿Quién necesita tener corazón cuando éste puede romperse?"[14] El amor y el desamor tienen mucho que ver con la transformación. Tanto el amor como el desamor nos hacen susceptibles a la acción de la gracia.

Richard Rho cree que hay dos grandes fuerzas que ayudan a nuestra transformación: "el gran amor y el enorme sufrimiento".[15] No podría estar más de acuerdo. Es el enorme sufrimiento el que nos obliga, empuja y fuerza a cambiar y transformar nuestra vida. El enorme sufrimiento nos rompe y nos deja huecos. Nos lleva a arrodillarnos y, finalmente, a una encrucijada, el umbral de la transformación. Pero es el amor el que nos saca adelante. Es el amor el que nos impulsa, nos atrae, nos incita a transformar nuestra vida. Nos sostiene en la lucha y nos obliga a ir más allá. Es el efecto conjunto de esta dinámica de jala y estira de amor y desamor, lo que nos transforma.

No es el amor lo que lleva a la gente a la terapia. Es el dolor. Es el dolor lo que nos hace entrar por la puerta, pero es el amor lo que nos sana y nos saca adelante. Los estudios sobre la eficacia de la psicoterapia, que comparan un enfoque con otro, llegan todos a la misma conclusión. Aunque determinadas técnicas son más o menos eficaces para trastornos específicos, el agente sanador fundamental de todos los enfoques es *la compasión*. En otras palabras, si el terapeuta siente verdadera consideración y compasión por el cliente y éste cree que el terapeuta cree en él, puede producirse la sanación. Algunos lo llaman consideración positiva incondicional, otros lo llaman presencia. Algunos lo llaman simplemente amor (esa emoción de segunda mano).

Lo mismo ocurre con las comunidades. *Es el dolor el que te lleva a la encrucijada, pero es el Amor el que te saca adelante.* ¿Qué más hay? Es la razón por la que soportamos los costos y soportamos los sacrificios, para poder dar a las personas que amamos los valores y las cosas que apreciamos. Es la razón por la que seguimos luchando cuando las cosas se ponen difíciles, en lugar de abandonar a las personas que queremos. Saber que Dios y quienes en nuestra vida se han sacrificado por nosotros nos han amado, nos da la gratitud y la obligación de amar a los demás y sacrificarnos por ellos a cambio.

Cooperar con la gracia significa arriesgarse a amar de nuevo, y a dejarse amar de nuevo, cuando las dudas y el dolor de viejas heridas nos instarían a contenernos. Cooperar con la gracia significa aprender a amar, no en general, sino específicamente a las personas de tu comunidad y su misión, así como a tu Dios. El viaje de transformación no es un concepto o una idea, es una experiencia de adentro hacia afuera, desde el alma hasta la superficie, totalmente espiritual y concretamente literal. Es el amor encarnado, el amor en acción (Juan 15:12).

Nunca te adelantes a la gracia

Nuestro verdadero camino en la vida es interior: se trata de crecer, de profundizar, de entregarnos cada vez más a la acción creadora del amor y de la gracia en nuestro corazón.
Thomas Merton

¿Quién serás cuando hayas completado todos tus cambios organizacionales? ¿En quién te estás convirtiendo mientras haces todos tus planes y consigues hacer las cosas? El viaje de transformación se toma en serio estas preguntas. Exhorta a explorar las invitaciones más profundas en medio de la multitud de cambios a los que se enfrentan ahora las comunidades. Te invita a discernir el llamado de Dios a una vida nueva.

Las Hermanas de San José tienen una máxima que dice: "No te adelantes nunca a la gracia con un afán impúdico, sino espera en silencio sus movimientos y, cuando llegue a ti, acompáñala con gran dulzura, humildad, fidelidad y valentía".[16] No debemos adelantarnos a la gracia, demorarnos demasiado, o quedarnos atrás de donde la gracia quiere que vayamos o que lleguemos a ser. El Espíritu se mueve en tiempo real y sopla donde quiere (Juan 3:8). No podemos diseñar sus caminos ni controlar a dónde nos lleva. Sólo si estamos atentos, somos valientes, ágiles y suficientemente disciplinados, podremos aprender a cooperar con la gracia.

Resumen

No dejaremos de explorar, y el fin de toda nuestra exploración será llegar al punto de partida y conocer el lugar por primera vez.
T. S. Eliot

El viaje de transformación aborda toda la vida y la misión de una comunidad, solo lo más elemental de su vida. Involucra e integra el corazón y el alma de sus integrantes mientras planean y cocrean una visión de futuro. Es multidimensional en el sentido que no sólo aborda las dimensiones organizacionales de la comunidad, sino también las personales e interpersonales. Tiene varias etapas, ya que va más allá de lo que se ve en la superficie para abordar también las pautas, las estructuras, la visión del mundo y, de hecho, la propia cultura y el alma de la comunidad.

El Misterio Divino de la transformación puede entenderse parcialmente desde nuestra perspectiva humana y el resto se deja al misterio. De hecho, necesitamos comprender lo que podamos de este misterio, para saber cuál es nuestro papel. Tenemos que disponernos a la gracia y aprender a cooperar con ella. Las partes que no podemos ver (la gracia de la ambigüedad) y que no podemos controlar (la gracia del caos) forman parte integral de cualquier camino de fe. Estos aspectos subyacentes e inquietantes de un viaje transformador requieren que una comunidad crezca en su capacidad de utilizar sus instrumentos de fe (por ejemplo, la oración, la contemplación y el discernimiento). Aun así, al final de toda su planeación, oración, organización, discernimiento, aplicación y evaluación, la transformación les exigirá dar un salto de fe. El resto es gracia.

Una vez que te hemos proporcionado los orígenes, el contexto y el entendimiento fundamental del viaje de transformación y del trabajo interno para la transformación, pasemos a la fase de reflexiones. Que sean un instrumento para tu transformación personal y comunitaria.

PARTE III: ENCRUCIJADA DE GRACIA

Hay un hilo que sigues. Va entre las cosas que cambian. Pero el hilo no cambia. La gente se pregunta qué es lo que persigues. Tienes que explicar lo del hilo. Pero es difícil que otras personas lo vean. Mientras lo sujetes no puedes perderte. Ocurren tragedias, la gente sale herida o muere, y tú sufres y envejeces. Nada de lo que hagas puede detener el paso del tiempo. Nunca sueltas el hilo.
William Staffor, Así son las cosas

EL LLAMADO DE DIOS, LA INVITACIÓN MÁS PROFUNDA Y UN VIAJE DE FE

A lo largo de nuestra vida, hay un hilo que seguimos que resuena con nuestra alma y nos llama a vivir y crecer más plenamente hacia el amor maduro y la unión con lo Divino. Me gusta pensar en este hilo como el movimiento de la gracia en nuestra vida que continuamente convoca nuestra alma. Si seguimos el hilo, y respondemos a la atracción y al amor de Dios, nuestra alma se hace grande. Nos hacemos más sabios y más amantes de las demás personas, de la creación y de nuestro Creador. Cuando cooperamos con la gracia de este modo, somos más capaces de vivir desde una profunda confianza en la obra de Dios en nuestra vida, y vivimos más auténticamente según nuestro verdadero yo.

Sin embargo, resulta que seguir el hilo no es tan fácil. Parker Palmer compara nuestra alma con un animal salvaje, fuerte y resistente, por un lado, pero tímido y reacio a mostrarse ante la amenaza, por otro. Nuestra alma prospera en lugares donde abunda el amor, pero no en lugares donde se experimenta el juicio, el engaño o la violencia. Florece en respuesta a la realidad de la vida, incluso a su crudeza, pero no en medio de falsos perfumes, pretensiones endulzadas, chisme u hostilidad. En lugares inhóspitos para nuestra alma, es difícil seguir el hilo.

Nuestro ego ayuda a la tímida, pero resistente alma a navegar por el mundo. Algunas personas se refieren a esta parte de nuestro ser como el falso yo o yo mundano. También podría llamarse navegante, porque eso es lo que hace. Nos ayuda a navegar por la realidad y la crudeza de la vida junto con sus pretensiones y su violencia. Nuestro navegante es más astuto y mañoso que nuestra alma, sobre todo cuando se trata de la simulación y la violencia de nuestro mundo. Tiene formas de ejercer control y mecanismos de afrontamiento de todo tipo para: anticipar y evitar el peligro, crear seguridad y protección, discriminar la realidad de la ilusión, así como buscar el placer y minimizar el dolor. Cuanto mayor sea nuestra capacidad de navegar, más capaces seremos de encontrar el camino en el mundo.

Puedes pensar que tu ego y tu alma están en el mismo equipo y no son adversarios, como algunos sugieren. Si el ego es el navegante, se podría pensar que el alma es su piloto. El piloto determina el destino y necesita que el navegante te diga cómo llegar. Cada parte es necesaria, tiene un propósito, nos hace humanos, nos completa. Somos un solo ser, una mezcla de carne y espíritu, ego y alma, hechos a imagen de Dios. La mayoría de los teólogos contemporáneos estarían de acuerdo con Richard Rohr, que aborda esta falsa dicotomía entre nuestro ego y nuestra alma de esta manera: "No se trata tanto de convertirnos en seres espirituales como de convertirnos en seres humanos... Por eso gran parte del texto (bíblico) parece tan mundano, práctico, específico y, francamente, poco espiritual". "Hemos creado una especie de dualismo terrible entre lo espiritual (alma) y lo llamado no espiritual (ego). Este dualismo es precisamente lo que Jesús vino a revelar como mentira".

Así pues, somos un solo ser, humano y divino. El ego y el alma son idealmente un equipo. Se necesitan mutuamente y, como cualquier equipo, a veces funcionan bien juntos y a veces no. Cuando no funcionan bien juntos, corremos riesgos. Si nuestro navegante ejerce demasiado control y se silencian los deseos de nuestra alma, corremos el riesgo de perdernos. Si los deseos de nuestra alma nos atraen hacia relaciones, trabajos o circunstancias que no podemos manejar adecuadamente, también estamos en peligro. Necesitamos ambos para funcionar bien juntos.

A medida que nos desarrollamos y maduramos, nos volvemos más capaces de integrar esta asociación y actualizar nuestro potencial y dar plenitud a nuestro verdadero yo. Cuanto más integrada y armoniosa sea la asociación entre nuestro ego y nuestra alma, más capaces seremos de seguir el hilo. Jesús siguió el hilo. Él personificó esta integración armoniosa entre el ego y el alma, entre la humanidad y la divinidad. Gandhi, Martin Luther King, Dorothy Day y muchos otros nos han servido de modelo.

Ojalá hayas tenido mentores o mentoras personales en tu propia vida que, junto con tus antepasados espirituales, te hayan inspirado a integrar tu alma y tu ego. Hombres y mujeres como ellos irradian sabiduría, compasión y amor incondicional por la forma en que caminan entre nosotros y participan en el desarrollo del sueño de Dios. Los psicólogos los llaman seres humanos plenamente realizados. Nuestra Iglesia los llama místicos, místicas, santos o mártires.

Reflexión 1:
Tu encrucijada
de gracia

Así dice el Señor: *"Poneos junto a los caminos, y mirad, y preguntad por las sendas antiguas, dónde está el buen camino; y andad por él, y hallad descanso para vuestra alma".*
Jeremías 6:16

Cuando la vida se separa del alma

Cuando nuestra alma y nuestro ego se enfrentan y están desintegrados, podemos perder fácilmente la orientación y el hilo conductor. Cuando la vida se separa del alma de esta manera, las cosas empiezan a desenredarse. Podemos empezar a perseguir la gracia, quedarnos atrás o tratar de controlarla en un esfuerzo por inclinar la vida hacia nuestras predilecciones. Podemos perder la sensación de estar anclados en la realidad, en lo que es correcto y verdadero. Corremos el riesgo de desmoronarnos y perder nuestro verdadero yo. Cuando la colaboración entre el alma y el ego se rompe, hay una ruptura en nosotros también.

Este desmoronamiento y pérdida de uno mismo puede producirse fácilmente, a menudo de forma gradual e imperceptible, hasta que se alcanza un punto de inflexión. A veces, nuestro trabajo se vuelve tan importante que nos perdemos en él. Otras veces, por miedo a perder una relación importante, comprometemos nuestro verdadero yo hasta el punto de perder nuestra voz, nuestras opiniones, nuestro poder y, finalmente, nuestro yo. También ocurre lo contrario. Por miedo a perder nuestra independencia, o porque nos avergonzaron haciéndonos creer que no éramos queridos, nos escondemos y vivimos de una falsa personalidad. Nos convertimos en impostores, aparentando ser fuertes e independientes, esquivando cualquier atisbo de dependencia o nuestro deseo de conexiones íntimas con los demás, perdidos para nuestro verdadero yo.

A pesar de nuestros mejores esfuerzos, podemos perdernos en casi cualquier cosa: aficiones, trabajo, televisión, redes sociales, adicciones y relaciones, incluso en nuestros esfuerzos por ser más santos. Cuando esto sucede, es como si el suelo bajo nosotros se hubiera movido y el fondo se hubiera caído. Los mejores planes para montar nuestra vida como deseamos que sea (por ejemplo, segura, placentera, predecible y controlada), se frustran. Llegamos a un punto en el que ya nada tiene sentido. Nos alejamos del alma y perdemos el hilo. El ego y el alma están revueltos. Nuestro mundo construido y nuestros falsos personajes se desmoronan y nos acosan el pavor y la desesperación.

Estos son los momentos de nuestra vida que nos hacen o nos deshacen. O evolucionamos hacia una forma de ser más madura o involucionamos y nos desmoronamos. Son momentos de ir a Jesús en los que nos enfrentamos a las verdades más profundas que, de otro modo, habríamos mantenido ocultas bajo el suelo de la conciencia, o nos esforzamos más por negarlas y caemos más profundamente en el sueño (Romanos 13:11). O reclamamos, renovamos y expandimos nuestra alma, convirtiéndonos más plenamente en lo que estamos destinados a ser, o nuestro espíritu capitula y nuestra alma se marchita. Podemos quejarnos de estos problemas, pero ninguna de nuestras protestas nos sacará del agujero que nos hemos cavado. No hay otra forma de salir de estas crisis que no sea a través de ellas. Nos encontramos en una encrucijada y obligados a elegir.

En medio de todos los quejidos, hay, al mismo tiempo, una voz tranquila que susurra, invitándonos a elegir la vida. Estamos en el umbral de nuestra propia desaparición o de nuestra propia libertad. Pero no estamos solas. Dios está con nosotras en las encrucijadas, como en todos los rincones de la creación. "¿A dónde puedo ir desde tu Espíritu? ¿A dónde puedo huir de tu presencia? Si subo a los cielos, allí estás tú; si tiendo mi cama en las profundidades, allí estás tú. Si me elevo sobre las alas de la aurora, si me poso en la orilla lejana del mar, hasta allí me guiará tu mano, me sujetará tu diestra". (Salmo 139:7-10)

Nos encontramos en una *encrucijada de gracia* porque Dios nos acompaña. El hilo que habíamos intentado seguir y que creíamos haber perdido, aunque estaba fuera de nuestra mirada, ahora está a nuestro alcance. Sólo tenemos que alcanzarlo. Elegir la vida significará confiar menos en la propia razón o en las maquinaciones egoístas, y más en discernir el deseo del alma.

No hay atajos ni garantías. No hay mapa ni fórmula. Elegir la vida en una encrucijada de gracia es siempre un salto de fe que requiere renovar el pacto de cooperación con la gracia. Hay infinitas formas de perdernos, pero sólo hay un camino a casa, único para cada una de nosotras. Nuestra alma conoce su camino. Sólo tenemos que soltar las riendas, nuestras ilusiones de control, y actuar con valentía. Sólo tenemos que escuchar el llamado del amor de Dios como guía a través de la encrucijada de gracia.

MEDITACIONES

Rumi

Mira cómo la mano es invisible mientras la pluma está escribiendo; el caballo corre, pero el jinete no es visto; la flecha vuela, pero el arco está fuera de la vista; las almas individuales existen, mientras el alma de las almas está oculta.

1 Corintios 15:10

Porque yo soy el más pequeño de los apóstoles, y no soy digno de ser llamado apóstol, porque perseguí a la Iglesia de Dios. Pero por la gracia de Dios soy lo que soy, y su gracia para conmigo no resultó vana, sino que trabajé incluso más que todos ellos, pero no yo, sino la gracia de Dios en mí.

Francis Thompson, El sabueso del cielo

Hui de Él, noche tras noche y día tras día;
Hui de Él, por los arcos de los años;
Hui de Él, por los caminos laberínticos
de mi propia mente; y en la niebla de las lágrimas
me escondí de Él, y bajo la risa a carcajadas.
Por las vislumbradas esperanzas corrí;
y, disparado, precipitado,
por las tinieblas titánicas de temores abismados,
de aquellos fuertes Pies que seguían,
seguían después.
Pero con desenfrenada persecución
y paso imperturbable
deliberada velocidad, majestuosa instancia,
golpearon, y una Voz golpeó
con mayor presteza que los Pies,
"Todas las cosas traicionan, a quien a Mí me traiciona".

REFLEXIONES Y EJERCICIOS EN TU DIARIO

¡Despierta! Tu vida está a punto de cambiar.

Recuerda una de tus propias encrucijadas del pasado. Recuerda alguna ocasión de tu vida en la que, con el impulso de la dolorosa conciencia de tu propio quebrantamiento y, al mismo tiempo, atraída por la gracia, te derrumbaste, te transformaste y te renovaste. Estas son típicamente ocasiones en la vida en las que experimentaste el mayor dolor y, por tu propia cooperación con la gracia, experimentaste el mayor crecimiento. Pueden haber sido provocados por un acontecimiento repentino (por ejemplo, una enfermedad, el fracaso en la consecución de un sueño, la pérdida de alguien o algo querido) o por la conciencia gradual y persistente de que algo ya no marchaba bien.

En cualquier caso, llegaste a un punto en el que fuiste dolorosamente consciente de que la vida que llevabas ya no era la que estabas destinada a vivir. La vida que llevabas ya no representaba tu verdadero yo, tu vocación más profunda. Te separaste del hilo, de las amarras de tu alma, y el dolor de esta separación se hizo insoportable. Habías llegado a una encrucijada de gracia en la que las decisiones que tomarías cambiarían tu vida para siempre.

1. Ponle un título. Piensa en el camino de tu vida y recuerda una de tus propias encrucijadas de gracia. O tal vez te encuentres en una encrucijada de este tipo en este momento. En cualquier caso, anota un título (una frase o dos) que capte lo que te depara la encrucijada que has elegido. Dale un título a tu historia.

Ahora habita en tu encrucijada de gracia. Revive estos recuerdos escribiendo un diario, compartiéndolos con un confidente, rebuscando entre los recuerdos o volviendo al lugar físico donde ocurrió la experiencia. Recuerda lo que ocurría en tu vida durante ese tiempo. Recuerda dónde vivías y con quién, dónde trabajabas o ejercías tu ministerio. Piensa en lo que había estado funcionando y que con el tiempo se volvió insostenible. Recuerda qué te llevó a vivir la vida que llevabas antes de llegar a una encrucijada. Sumérgete en estos recuerdos, pensamientos y sentimientos, y describe tu experiencia completa. Escribe la historia que recuerdes.

1. Describe el sueño original. Describe el sueño que una vez perseguiste antes de que las cosas se vinieran abajo (por ejemplo, alguien o algo que amabas e intentabas perseguir). Recuerda también la pasión que sentiste una vez y el salto de fe que diste para perseguir ese sueño original. ¿Cuáles fueron las razones vivificantes que tuviste para elegir ese sueño original? ¿Qué motivaciones secretas podrías haber tenido también para tomar esa decisión (es decir, cosas que quizá no querías admitir ante ti o ante los demás, o de las que quizá sólo te das cuenta ahora en retrospectiva)?

2. Describe por qué las cosas se vinieron abajo. Reflexiona sobre por qué las cosas se vinieron abajo y por qué tú te viniste abajo. Es posible que haya habido circunstancias y acontecimientos ajenos a ti que te hayan puesto de rodillas, pero céntrate aquí más en tus propias decisiones. Explora los patrones repetitivos o las decisiones concretas que has tomado y que han ido minando ese sueño original y cercenando la vida que estabas viviendo. Por ejemplo:

a. Quizá tomaste decisiones nacidas de la ingenuidad o la inseguridad. ¿En qué aspectos se mostraba tu ingenuidad o inmadurez y cómo se reflejaba esto en tu vida?

b. Tal vez fue tu negligencia benigna o no ocuparte de cosas que sabías que debían haberse abordado en su momento. ¿Cómo entiendes tu negligencia o evasión de las cosas importantes?

c. Tal vez una parte de ti quería que las cosas se desmoronaran y que todo llegara a su fin. ¿Saboteaste intencionadamente los esfuerzos por reparar las cosas para decir hacia adentro: "¡Ves, ya no funciona!".

d. Puede que las heridas no redimidas de tu pasado te hayan hecho actuar y tomar decisiones con el impulso del miedo, la ira, la vergüenza, los celos o alguna otra emoción desenfrenada. ¿Cuáles eran esas heridas del pasado?

e. Tal vez estabas creciendo, tomando decisiones más acordes con aquello en lo que te estabas convirtiendo, decisiones que ya no te nutrían ni eran compatibles con tu antiguo sueño. ¿Qué nuevas partes de ti estaban surgiendo?

   Identifica al menos tres razones específicas (elecciones que hiciste o patrones que exhibiste) que llevaron a que tu vida se desmoronara.

3. Describe tu caída. Recuerda cómo tu vida se ha ido desalineando cada vez más y en desacuerdo con tu alma. Recordemos los primeros indicios de que las cosas ya no funcionaban. Puede que hayas sido consciente de ellos en ese momento o sólo ahora en retrospectiva. En el peor momento, cuando todo se desmoronaba y tocabas fondo, ¿qué experimentabas física, emocional y espiritualmente? Recuerda el terror, la vergüenza, la rabia y la vulnerabilidad más absoluta que hayas experimentado.

Sabiduría del pasado aplicada al presente

Después de haber reflexionado sobre una experiencia personal pasada de transformación, recoge las percepciones y los aprendizajes y aplícalos al presente. Si tu comunidad está actualmente comprometida en el trabajo de transformación, responde a los mismos cuatro grupos de preguntas de reflexión desde la perspectiva de la comunidad en general. Si actualmente estás atravesando tu propia transformación personal, responde a las mismas preguntas de reflexión aplicadas a ti hoy.

Transformación comunitaria

1. Ofrece un título que capte la labor de transformación de tu comunidad.

2. Describe el sueño original de la comunidad.

3. Identifica por qué crees que tu comunidad se está desmoronando.

4. Describe la experiencia del desmoronamiento de tu comunidad.

Transformación personal

1. Ofrece un título que capte tu experiencia personal de transformación.

2. Describe tu sueño original.

3. Identifica por qué te estás desmoronando.

4. Describe la experiencia de tu desmoronamiento.

REFLEXIÓN 2: LA INVITACIÓN MÁS PROFUNDA

Eres lo que es tu deseo profundo e imperante.
Tal como es tu deseo, así es tu voluntad.
Como es tu voluntad, así es tu proeza.
Tal como es tu obra, así es tu destino.
Brihadaranyaka Upanishad

EL LLAMADO DE DIOS A ELEGIR LA VIDA

Cuando nuestra vida se desmorona y nos acercamos a una crisis, nuestra respuesta típica es redoblar nuestros esfuerzos para esforzarnos más, en lugar de esforzarnos de forma diferente. Nos volvemos cada vez más desesperados en nuestros intentos de controlar la situación y restaurar lo que era, haciendo más de lo que funcionó en el pasado. Pero cuando llegamos a una encrucijada y Humpty Dumpty no puede recomponerse, nos damos cuenta de que no podemos volver a ser como antes. Cuando ya no podemos arreglar las cosas, y cuando el dolor acaba por abrumarnos, nos derrumbamos. Si nuestro colapso es lo bastante grave, si nos desencajamos por completo, tocamos, como se suele decir, "fondo".

Cuando tocamos fondo, nos despojamos de cualquier arrogancia de que podemos resolver las cosas nosotros mismos, nosotras mismas. Aunque la experiencia es insoportable, por fin nos liberamos de las cadenas del pasado, de las prisiones que creamos y de los intentos fallidos de reparar las cosas por nuestra cuenta. Nos despojamos de defensas, pretensiones y de la capacidad de ocultar el quebranto. Nuestra vida está a la vista de todos. Por fin estamos abiertos a recibir lo que hemos rechazado repetidamente, a asumir los riesgos que hemos eludido continuamente, y a escuchar la respuesta de nuestra alma a una invitación más profunda que antes no habíamos oído: Llevad mi yugo y aprended de mí, que soy manso y humilde de corazón, y hallaréis descanso para vuestras almas". Porque mi yugo es fácil y mi carga ligera" (Mateo 11:29-30).

Aunque tocar fondo es angustiante, también hay una extraña paz en medio de la tormenta, como en el ojo de un huracán. Por fin podemos dejar de esforzarnos tanto y abandonar nuestra desesperación. No funciona. Por último, podemos abandonar la ilusión y la carga de que sólo nosotros controlamos las cosas. Está claro que no. Por fin podemos dejar de agonizar sobre qué hacer. Obviamente, no sabemos y ya no podemos navegar por nuestra cuenta. Sabemos que necesitamos ayuda. Es innegable para nosotros mismos, aunque aún no podamos decirlo en voz alta a los demás. En el fondo, sabemos que hay algo más profundo y poderoso que nuestras ilusiones de control e independencia, aunque no podamos describirlo. Simplemente sabemos, a partir de este momento, que la vida nunca volverá a ser la misma.

Hay una diferencia entre devolver las cosas a su estado original y volverlas a hacer nuevas. Hay una diferencia entre crear una versión "nueva y mejorada" de nuestro ser y transformarnos. Cuando nuestra vida queda así al descubierto, podemos elegir: seguir el camino trillado de menor resistencia o tomar el menos transitado y evolucionar hacia algo totalmente nuevo. Es en estas encrucijadas de gracia de la vida, en medio de la apacible quietud de una rendición madura, cuando se oye la vocecita apacible: "Elige la vida". Nos preguntamos: *¿Qué significa esto? ¿Cuál es la invitación más profunda y qué tiene que ver la gracia con ella?*

MEDITACIONES

Charlie Badenhop, Corazón puro, mente sencilla

Todos tenemos que decidir si "ir a lo seguro" en la vida y preocuparnos por los inconvenientes, o por el contrario arriesgarnos, siendo quienes realmente somos y viviendo la vida que desea nuestro corazón. ¿Cuál es tu elección?

1 Reyes 19:11-13

Luego dijo: "Sal y ponte en el monte delante del Señor". Y he aquí que el Señor pasó, y un viento grande y recio rasgó los montes y quebró las peñas delante del Señor, pero el Señor no estaba en el viento; y tras el viento, un terremoto, pero el Señor no estaba en el terremoto; y tras el terremoto, un fuego, pero el Señor no estaba en el fuego; y tras el fuego, una voz apacible y pequeña.

Deuteronomio 30:18-20

Hoy os declaro que pereceréis con toda seguridad. No prolongaréis vuestros días en la tierra donde cruzáis el Jordán para entrar y poseerlo. Llamo hoy al cielo y a la tierra por testigos contra vosotros, de que os he puesto delante la vida y la muerte, la bendición y la maldición. Escoge, pues, la vida para que vivas, tú y tu descendencia, amando a Yahveh tu Dios, obedeciendo su voz y aferrándote a él; porque ésta es tu vida y la duración de tus días, para que vivas en la tierra que Yahveh juró a tus padres, a Abraham, Isaac y Jacob, que les daría.

Han C. Merrill, Salmos para orar: una invitación a la plenitud

Aunque mil se burlen de esta confianza radical,
diez mil risas mientras busco hacer tu voluntad,
me entregaré a ti,
abandonándome en tus manos sin reservas.

Reflexiones y ejercicios en tu diario

Reflexiona más sobre la encrucijada de gracia específica que identificaste al principio de esta sección.

1. Describe la invitación más profunda. Recuerda cualquier impulso que hayas experimentado para "elegir la vida". A pesar del dolor que sentías, ¿qué se sacudía en tu interior que pudiera haberte dado una sensación de seguridad o esperanza, por vaga o tenue que fuera? ¿Reconociste esa vocecita (1 Reyes 19:11-13)? ¿De quién era esa voz y qué intentaba decirte? ¿En qué sentido, si es que lo has hecho, has experimentado la atracción y el amor de Dios o los movimientos de la gracia durante este tiempo? Describe cómo comprendiste esas sacudidas interiores y por qué has decidido escucharlas.

2. Describe lo que has tenido que soltar o dejar morir para responder a esta invitación más profunda. En otras palabras, ¿qué trabajos, personas, compromisos, posesiones o aficiones decidiste dejar atrás para dar paso a algo o alguien nuevo? ¿Qué hábitos personales o interpersonales has decidido abandonar en favor de una nueva forma de ser? ¿Qué creencias fundamentales se hicieron añicos y qué cambió en tu alma?

3. Describe cómo decidiste alimentar esta invitación más profunda. Recuerda las nuevas posibilidades de vida que se te planteaban. Recuerda las semillas de nueva vida que ansiaban nacer. Describe las decisiones que has tomado para alimentarlas deliberadamente y darles vida.

Sabiduría del pasado aplicada al presente

Después de haber reflexionado sobre una experiencia personal pasada de transformación, recoge las percepciones y los aprendizajes y aplícalos al presente. Si tu comunidad está actualmente comprometida en el trabajo de transformación, responde a las mismas preguntas de reflexión desde la perspectiva de la comunidad en general. Si actualmente estás atravesando tu propia transformación personal, responde a las mismas preguntas de reflexión aplicadas a ti hoy.

Transformación comunitaria

1. Describe cuál podría ser la invitación más profunda para tu comunidad en este momento.

2. Describe lo que tu comunidad necesita soltar, o dejar morir, para responder a esta invitación más profunda.

3. Describe cómo tu comunidad podría alimentar esta invitación más profunda.

Transformación personal

1. Describe lo que podría ser una invitación más profunda para ti en este momento.

2. Describe lo que has tenido que soltar o dejar morir para responder a esta invitación más profunda.

3. Describe cómo podrías elegir alimentar esta invitación más profunda.

Reflexión 3:
Una totalidad oculta

Hay en todas las cosas... una totalidad oculta.
Thomas Merton

Cae en la gracia

Cuando nos derrumbamos y tocamos fondo, no se trata realmente de una caída en desgracia, como suele decirse. Sería mejor pensar en ello como *caer en la gracia*. Y cuando caemos en la gracia, tenemos la oportunidad de experimentar lo que Merton describió como una "totalidad oculta". En esa totalidad oculta nos sentimos traspasados y transformados. Llegamos a una nueva conciencia, a un nuevo nivel de conciencia, a una nueva presencia. Es lo que los místicos experimentan con regularidad, pero lo que la mayoría de nosotros sólo experimentamos en contadas ocasiones.

¿Qué es esa totalidad que está más allá de nuestra conciencia ordinaria? Para Merton, es sabiduría. La sabiduría de la que habla Merton no es la que encontramos buscando en Google. Es la sabiduría que nace del encuentro de nuestra vida con Dios, de nuestra experiencia directa de la Divinidad, del Espíritu Santo o de Cristo Resucitado.

Algunos llaman belleza a esta totalidad oculta. Pero no es la belleza superficial que vemos a través de nuestra vista ordinaria. Es la belleza vista como Dios la ve. Viéndolo así, a través de la mirada de Dios, nos convertimos en la persona que cada uno de nosotros es realmente. Para otros su nombre es amor o verdad. La totalidad oculta es un amor que es amor de Dios. Es una verdad que es la verdad de Dios. Puede que ni siquiera sepamos lo que estamos experimentando, o cómo nombrarlo, pero está ahí de todos modos, a nuestro alrededor.

Hay en todas las cosas una fecundidad invisible. No sólo está a nuestro alrededor, sino también en el interior, en todos nuestros sentidos físicos y en cada célula de nuestro ser. Lo compartimos con Dios. La totalidad de nuestro ser está empapada de la totalidad de Dios. Se anima en todas las cosas. Nuestra vida es la totalidad oculta envuelta por la totalidad oculta de Dios. Si nos disponemos a verla y abrazarla, no sólo podremos experimentarla nosotros mismos, sino también hacerla visible y accesible al mundo.

En una reunión reciente en la cual fui facilitador, una de las participantes se refirió así a la totalidad oculta. "El Big Bang", dijo, "fue una gran acumulación del amor de Dios que explotó con tal fuerza que se convirtió en materia. Estamos hechos de polvo de estrellas, partículas del amor de Dios". En otras palabras, implantado en cada partícula del universo está el amor de Dios. Por lo tanto, Dios está en nosotros como nosotros estamos en Dios. ¡Ojalá pudiéramos hacerlo más visible y accesible al mundo!

Esta sabiduría, belleza, amor, verdad o cualquier nombre que se le dé, está oculta por nuestra ruptura, igual que está oculta en nuestra ruptura. Está oculta por nuestra humanidad, igual que está oculta en nuestra humanidad. Está oculta por la sombra de la muerte y en la sombra de la muerte. Allí, en todos esos lugares ocultos, hay ternura, misericordia y compasión.

Está más allá de todas las palabras. Cada uno de nosotros, y cada tradición de fe, intenta atribuir palabras a esta inefable totalidad oculta: sabiduría, belleza, amor, luz, misericordia, compasión, bondad, dulzura, Jesucristo, Cristo Resucitado, Espíritu Santo o Dios. Ninguna de ellas es adecuada, pero todas son ricas en significado, matices y profundidad. Vivir en esta totalidad oculta significa vivir en la plenitud y la vitalidad del misterio de Dios. En esto nos consolamos y transformamos. Llegamos a una nueva conciencia. Volvemos a ser nuevas. Vemos la totalidad oculta de las demás. Ojalá pudiéramos vernos así todo el tiempo.

MEDITACIONES

Thomas Merton, Hagia Sophia

Hay en todas las cosas visibles una fecundidad invisible, una luz atenuada, una mansa innominación, una totalidad oculta. Esta misteriosa unidad e integridad es la sabiduría, la madre de todo, Natura naturans. Hay en todas las cosas una dulzura y una pureza inagotables, un silencio que es fuente de acción y de alegría. Se eleva con una dulzura sin palabras y fluye hacia mí desde las raíces invisibles de todo lo creado, acogiéndome con ternura, saludándome con una humildad indescriptible. Esto es a la vez mi propio ser, mi propia naturaleza, y el don del pensamiento y del arte de mi Creador dentro de mí, hablando como Hagia Sophia, hablando como mi hermana, la Sabiduría.

Thomas Merton, Conjeturas de un espectador culpable

En Louisville, en la esquina de la calle Cuarta con Walnut, en el centro del distrito comercial, de repente me sentí abrumado por la comprensión de que amaba a todas esas personas, de que eran mías y yo suyo, de que no podíamos ser ajenos los unos a los otros, aunque fuéramos unos completos desconocidos. Era como despertarse de un sueño de separación, de aislamiento espurio en un mundo especial...

Entonces fue como si de repente viera la belleza secreta de su corazón, las profundidades de su corazón donde ni el pecado ni el deseo ni el autoconocimiento pueden llegar, el núcleo de su realidad, la persona que cada uno es a los ojos de Dios. Ojalá todas las personas pudieran verse como son en realidad. Ojalá pudiéramos vernos así todo el tiempo. No habría más guerra, ni odio, ni crueldad, ni codicia... Pero esto no puede verse, sólo creerse y entenderse mediante un don peculiar.

REFLEXIONES Y EJERCICIOS EN TU DIARIO

Vuelve a tu experiencia de la encrucijada. Recuerda cómo fue para ti la transformación de la vida, a través de la muerte, a una nueva vida de nuevo.

1. Cuando tocaste fondo y caíste en gracia, ¿qué tesoros antes ocultos, finalmente te fueron revelados?

2. ¿Cuál era la nueva vida que brotaba de la totalidad oculta?

SABIDURÍA DEL PASADO APLICADA AL PRESENTE

Después de haber reflexionado sobre una experiencia personal pasada de transformación, recoge las percepciones y los aprendizajes y aplícalos al presente. Si tu comunidad está actualmente comprometida en el trabajo de transformación, responde a las mismas preguntas de reflexión desde la perspectiva de la comunidad en general. Si actualmente estás atravesando tu propia transformación personal, responde a las mismas preguntas de reflexión aplicadas a ti hoy.

Transformación comunitaria

1. A medida que tu comunidad cae en gracia, ¿qué tesoros antes ocultos podrían revelarse?

2. ¿Cuál podría ser la nueva vida a la que tu comunidad está llamada, fluyendo de la totalidad oculta?

Transformación personal

1. Al caer en gracia, ¿qué tesoros antes ocultos podrían revelarse?

2. ¿Cuál podría ser la nueva vida a la que se te llama, que fluye de la totalidad oculta?

Reflexión 4:
La puerta estrecha

Entrad por la puerta estrecha; porque ancha es la puerta y espacioso el camino que lleva a la perdición, y son muchos los que entran por ella. Pero pequeña es la puerta y angosto el camino que lleva a la vida, y pocos son los que la encuentran.
Mateo 7:13-14

Elegir el camino correcto en lugar del fácil

No sé por qué Dios lo dispuso así, por qué el miedo tiene un papel tan dominante en las decisiones que tomamos en la vida, pero lo tiene. Quizá por eso la Biblia contiene más de 350 referencias al miedo y cómo, con la ayuda de Dios, podemos superarlo.

¡No le saques!

Nunca olvidaré la voz de mi padre detrás de la base del bateador cuando jugué mi primer partido de béisbol en las ligas menores. "¡No le saques! Concéntrate en la pelota". A los siete años, no sabía exactamente a qué se refería con lo de "no sacarle", pero sabía mucho sobre el miedo, y sabía que estaba retrocediendo ante la pelota de béisbol que lanzaban hacia mí.

Después del partido, recuerdo estar sentado, con la cabeza agachada, mientras lloraba en el asiento delantero del coche de mi padre. Él me explicó que la caja de bateo es el cajón blanco de forma rectangular en la que se coloca el bateador cuando está listo para el lanzamiento. Cuando grito "no le saques", dijo, "significa que te saliste de la caja de bateo por miedo". Lloré, avergonzado de haber tenido tanto miedo de que me golpeara la pelota. Le había sacado muchas veces. Lloré porque decepcioné a mi padre, quien tanto amaba el béisbol y quería que su hijo también lo amara.

Fue una dolorosa lección de vida y también uno de los recuerdos más tiernos que tengo de mi padre. No me estaba amonestando. Me estaba abrazando, consolándome, enseñándome sobre el miedo y animándome a no retroceder ante él. Me amaba, incluso en mi vergüenza. He sentido su abrazo toda mi vida mientras sigo enfrentando mis miedos.

La puerta estrecha

Para mí, la puerta estrecha representa dar un paso al frente y hacer lo que es correcto, no lo que es seguro o fácil. Es el camino estrecho el que conduce a la vida, mientras que el camino más transitado conduce a la muerte y a la destrucción. El camino más ancho que la mayoría recorrerá es el de menor resistencia. Cuesta poco (al principio) y es familiar, predecible y seguro. Parece seguro, cuando, en realidad, es el más arriesgado de todos porque nos aleja de donde la gracia nos invita a ir. Lo elegimos por miedo y eso nos limita. Silencia nuestra alma.

Una vez más, no sé por qué Dios lo dispuso así, pero el camino hacia una nueva vida significa tener el valor de atravesar la puerta estrecha. El camino hacia el crecimiento, el camino hacia la sabiduría, requiere enfrentarnos a nuestros miedos sin sacarle, sin sacar el pie de la caja. El trabajo interno para la transformación significa armarse de valor para arriesgarse ante cualquier dolor que podamos encontrar, desde una profunda confianza en que el brazo de Dios sigue rodeándonos, animándonos, consolándonos e invitándonos a elegir la vida.

MEDITACIONES

Robert Frost, El camino no elegido

Dos caminos se bifurcaban en un bosque amarillo, y afligido porque no podía recorrer ambos, siendo un solo viajero, me detuve largo rato, y miré hacia abajo por uno de ellos tanto como pude, hasta donde se perdía en la maleza;

Entonces tomé el otro, imparcialmente, y teniendo quizás la elección idónea, porque era pastoso y agradable de caminar, aunque en cuanto a lo que vi allí, hubiera elegido cualquiera de los dos.

Y ambos aquella mañana yacían igualmente entre hojas que ningún pie había pisado jamás. ¡Oh, había guardado el primero para otro día! Aun sabiendo la inexorable manera en que las cosas siguen su curso, dudé si debí haber regresado sobre mis pasos.

Contaré esto con un suspiro en algún lugar dentro de muchos años: Dos caminos se bifurcaban en un bosque, y yo, yo tomé el menos caminado, y eso ha marcado toda la diferencia.

Salmo 23:3-5

Él restaura mi alma; me guía por sendas de justicia por amor de su nombre. Aunque camine por el valle de la sombra de la muerte, no temo mal alguno, porque Tú estás conmigo; tu vara y tu cayado, ellos me consuelan. Preparas una mesa ante mí en presencia de mis enemigos; has ungido mi cabeza con aceite; mi copa rebosa.

M. Scott Peck, El camino menos transitado: una nueva psicología del amor, los valores tradicionales y el crecimiento espiritual

El ser humano es un mal examinador, sujeto a supersticiones, sesgos, prejuicios y una profunda tendencia a ver lo que quiere ver en lugar de lo que realmente existe.

Margaret Blackie, Danos hoy gracia para resistir la tormenta

¿Qué debemos hacer cuando las tormentas amenazan con desgarrar el tejido mismo de nuestra vida? Lo único que puedo decir con certeza es que Jesús no está dormido. Presta atención, pero las tormentas rara vez se resuelven de forma tan sencilla. Rezo para que pase la tormenta. Rezo para tener la gracia de resistir la tormenta.

Rezar para obtener la gracia es una forma abreviada de describir un proceso que he aprendido a utilizar. Comienza por reconocer la presencia de la tormenta. Entonces me resulta útil centrarme en la pregunta de Jesús: ¿Por qué tienes miedo? Empiezo a explorar la situación en mi mente, a preguntarme qué temo o qué me paraliza. Entonces pido la gracia de liberarme de ese miedo.

En un mundo que genera miedo activamente, a menudo olvidamos que el miedo es profundamente problemático. Es probablemente el mayor obstáculo para nuestra transformación. No podemos avanzar en la fe hasta que hayamos aprendido a sentarnos con nuestro miedo, a reconocerlo, a nombrarlo y a rezar para obtener la gracia de liberarnos de él.

Pensamos que nuestra fe se cimentará cuando nos rescaten de nuestras tormentas. A largo plazo, lo mejor para nuestra fe es aprender a sortear nuestras dificultades conversando con Jesús. Enfrentándose a las preguntas difíciles: ¿por qué tienes miedo?

Si nos atrevemos a empezar a hacernos esas preguntas, empezamos a descubrir que la verdadera libertad no es un lugar mítico fuera del alcance de las pruebas, las tribulaciones y las tragedias. Más bien, llega cuando somos capaces de navegar a través de estas situaciones sin zozobrar. La verdadera libertad nos lleva a un lugar donde podemos sufrir pérdidas terribles sin perdernos totalmente a nosotros mismos ni perder la compañía de Dios.

REFLEXIONES Y EJERCICIOS EN TU DIARIO

Vuelve a tu experiencia de la encrucijada. Recuerda el miedo y otras emociones desconcertantes que puedes haber sentido en esa encrucijada de gracia:

1. Explora el propósito de esta puerta estrecha. ¿Por qué crees que Dios lo ha dispuesto así, que el camino hacia una nueva vida nos asuste tanto? ¿Por qué la puerta estrecha y el camino menos transitado es el camino hacia Dios, mientras que la puerta más ancha y el camino trillado nos alejan de Dios?

2. Recuerda aquellas veces en las que sacaste la pata de la caja de bateo totalmente. ¿De qué manera has temido dar un paso al frente? ¿Cuándo se impuso el miedo al valor? Explora por qué sucedió esto, cómo te sentiste al respecto y a dónde te llevó.

3. Identifica lo que finalmente te dio el valor para atravesar la puerta estrecha. ¿Cuándo venciste por fin el miedo con tu valor? Reflexiona sobre cuánto que te ha costado y lo que has ganado. ¿Quién, en tu vida, te ha ayudado a permanecer en la caja de bateo, consolándote, sosteniéndote y animándote a lo largo del camino?

Sabiduría del pasado aplicada al presente

Después de haber reflexionado sobre una experiencia personal pasada de transformación, recoge las percepciones y los aprendizajes y aplícalos al presente. Si tu comunidad está actualmente comprometida con el trabajo de transformación, responde las mismas preguntas de reflexión desde la perspectiva de la comunidad. Si actualmente estás atravesando tu propia transformación personal, responde a las mismas preguntas de reflexión aplicadas a ti hoy.

Transformación comunitaria

1. Explora el propósito de esta puerta estrecha para tu comunidad en este momento.

2. Recuerda aquellos momentos en los que tu comunidad sacó la pata de la caja de bateo colectivamente.

3. Identifica qué es lo que da a tu comunidad el valor para cruzar la puerta estrecha.

Transformación personal

1. Explora el propósito de esta puerta estrecha para ti en este momento.

2. Explora cuándo y cómo puedes estar sacando la pata de la caja de bateo por miedo.

3. Reflexiona sobre lo que podría darte valor para atravesar hoy la puerta estrecha.

REFLEXIÓN 5: UN MISTERIO CONOCIDO POR FE

Cuando llegas al final de toda la luz que conoces y es hora de adentrarte en la oscuridad de lo desconocido, la fe es saber que sucederá una de estas dos cosas: o recibirás algo sólido en qué apoyarte, o te enseñarán a volar.

Edward Teller

COOPERA CON LA GRACIA

El problema del misterio pascual es que el don de Dios para una nueva vida sólo llega después de nuestra muerte, no antes. Tenemos que dejar morir lo que tiene que morir para que surja una nueva vida, y no podemos saber de antemano cuál será esa nueva vida. Este don divino lleno de novedad supera toda comprensión, previsión o control humanos. En definitiva, se trata siempre de un acto de fe. Tal es el camino del cambio profundo que nosotras, como cristianas, llamamos el misterio pascual.

Que no podamos diseñar o garantizar el resultado, o que no podamos saber de antemano qué surgirá de este salto de fe, no implica en absoluto que estemos completamente ciegos o que no tengamos nada que ver con su desarrollo.

Aunque estas transformaciones que oscilan entre la vida y la muerte, y después a una vida nueva, son misteriosas; el misterio no es un abismo negro de completas incógnitas. Hemos aprendido algunas cosas sobre la naturaleza de la transformación a través de la ciencia y las humanidades contemporáneas. También hemos adquirido algunos conocimientos a través de nuestra experiencia de transformación. Lo más importante es que el misterio de la transformación es el misterio que conocemos por fe. Si hemos vivido una vida de fe, tenemos alguna experiencia a la que podemos recurrir para orientarnos.

Aunque el terreno puede ser nuevo e inexplorado en una encrucijada de gracia, con un paisaje más oscuro que en tiempos de mayor estabilidad, tenemos una brújula y una linterna para guiar nuestro camino. Los puntos de referencia son las experiencias de fe que hemos conocido a lo largo de nuestra vida. Sabemos, por ejemplo, qué es *la verdad* cuando la experimentamos. Sabemos lo que es la *misericordia* cuando la recibimos. Sabemos lo que exige de nosotras una auténtica *reconciliación*. Sabemos cuándo nos mostramos con *honestidad* y cuándo no. No son misterios. Son poderosas piedras de toque espirituales. Este conocimiento del alma puede ir más allá de la razón y ser difícil de demostrar a los demás; lo sabemos cuando lo experimentamos. Estos puntos en la brújula o piedras de toque se han grabado en nuestra alma, son únicos para cada persona y brotan del subsuelo del tiempo.

La "noche oscura", como la describió San Juan de la Cruz, es oscura por una razón. Nos enseñó que Dios tiene que obrar al amparo de la oscuridad y en secreto porque, si supiéramos plenamente lo que está sucediendo y lo que la gracia acabará pidiéndonos, trataríamos de cambiar o detendríamos todo el proceso. Sin embargo, la noche oscura no es negra como el carbón. La linterna que tenemos, aunque no tan luminosa como nos gustaría, nos da la suficiente luz una vez que dejamos que los ojos se adapten.

Podemos ver, en gran parte, con la vista de la fe, en medio de esta oscuridad. Nuestra linterna está iluminada por los instrumentos de la fe: la oración, el discernimiento y la contemplación. Con estas herramientas podemos ver, sentir y discernir nuestro camino en medio de las sutilezas de la luz y la oscuridad. Mediante la oración y la reflexión, podemos examinar y clasificar lo que es correcto y verdadero, lo que haría sonreír a Dios, y lo que es obra nuestra y podría llevarnos por mal camino. Con nuestra brújula y linterna para iluminar el camino podemos seguir el hilo, cooperar con la gracia y hacer lo que nos toca para perseguir lo "nuevo".

Otra forma de cooperar con la gracia es por medio de las opciones que tenemos de rendición madura, una elección deliberada de desprendernos de alguien o algo que amamos para dar vida a algo nuevo. La rendición madura es distinta a tirar la toalla o capitular porque nos vemos como víctimas de las circunstancias y como si no tuviéramos elección. No se trata de desprenderse porque no tenemos voluntad propia (levantando las manos y diciendo: "Es la voluntad de Dios").

Hace falta cierta madurez para elegir intencionalmente y por propia voluntad el dolor de desprenderse para que nazca algo nuevo. Además, se necesita cierta madurez para dejar que se marche libremente alguien o algo que amamos sin saber a ciencia cierta si surgirá una nueva vida o qué podría ser exactamente en caso afirmativo. Tomar estas decisiones por propia voluntad, sin tener el control o la previsión que preferiríamos, requiere mucho valor y madurez.

MEDITACIONES

Rumi

Sin causa alguna, Dios nos dio el Ser; sin causa alguna, devuélvelo. Apostar por la propia vida está fuera del alcance de cualquier religión. La religión busca la gracia y el favor, pero los que apuestan por éstos son los favoritos de Dios, porque ni ponen a Dios a prueba ni llaman a la puerta de la victoria y la derrota.

Ken Kesey

La respuesta nunca es la respuesta. Lo realmente interesante es el misterio. Si buscas el misterio en lugar de la respuesta, siempre estarás buscando. Nunca he visto a nadie encontrar realmente la respuesta. Creen que lo han hecho, así que dejan de pensar. Pero el trabajo consiste en buscar el misterio, evocarlo, plantar un jardín en el que crezcan plantas extrañas y florezcan los misterios. La necesidad de misterio es mayor que la necesidad de respuesta.

Juan 3:1-21

Había un fariseo, un hombre llamado Nicodemo, que era miembro del consejo gobernante judío. Se acercó a Jesús por la noche y le dijo: "Rabí, sabemos que eres un maestro que ha venido de Dios. Porque nadie podría mandar los signos que estás mandando si Dios no estuviera con él". Jesús le contestó: "En verdad te digo que nadie puede ver el Reino de Dios si no nace de nuevo. ¿Cómo puede alguien nacer siendo viejo?" Preguntó Nicodemo. "¡Seguro que no pueden entrar por segunda vez en el vientre de su madre para nacer!" Respondió Jesús: "En verdad os digo que nadie puede entrar en el Reino de Dios si no nace del agua y del Espíritu. La carne da a luz a la carne, pero el Espíritu da a luz al Espíritu. No debe sorprenderte que te diga: "Tienes que nacer de nuevo. El viento sopla donde quiere. Se oye su sonido, pero no se sabe de dónde viene ni adónde va. Así sucede con todo el que ha nacido del Espíritu".

Salmo 119:105-107

Tu palabra es lámpara para mis pies y luz para mi camino. Hice un juramento y lo cumpliré. Juré seguir tus normas, que se basan en tu rectitud. He sufrido mucho. Dame una vida nueva, Señor, como prometiste.

Richard Rho, Meditación diaria

En los momentos de inseguridad y crisis, los "debería" y los "hubiera" no ayudan realmente; sólo aumentan la vergüenza, la culpa, la presión y la probabilidad de recaer. Son los "síes" profundos los que te hacen avanzar. Centrarte en algo en lo que crees absolutamente, con lo que te comprometes; te ayudará a esperar a que suceda.

REFLEXIONES Y EJERCICIOS EN TU DIARIO

Vuelve a tu experiencia de la encrucijada. Recuerda qué significó para ti la transformación de la vida a la muerte y de nuevo a la vida.

1. Identifica tus puntos cardinales. Cuando atravesaste una "noche oscura" de tu propia alma, ¿qué puntos conocidos de la brújula te dieron la seguridad de que estabas en el camino de la fe? ¿Qué piedras de toque espirituales informaron y validaron tus

elecciones, diciéndote que estabas en el camino correcto, un camino que te llevaba a una nueva vida?

2. Explora lo que significa para ti cooperar con la gracia. ¿Cómo supiste o intuiste, cuando tenías agarrado el hilo, que en realidad estabas cooperando con la gracia? ¿Qué se siente? ¿Qué has hecho, concreta y específicamente, para cooperar con la gracia? ¿Cómo sabías que no te estabas resistiendo, adelantando, retrasando o intentando controlar la gracia?

3. Recuerda una elección que hayas hecho para rendirte con madurez y el consuelo que puede haber derivado de ella. Probablemente tomaste algunas de estas dolorosas decisiones deliberadas de desprenderse, sabiendo que eran necesarias para abrir espacio a la posibilidad de una nueva vida. ¿Cuáles fueron algunas de tus propias rendiciones maduras? ¿Cuál era la diferencia entre éstas y tirar la toalla? ¿Qué te reconfortó en medio de toda la ambigüedad para vivir el dolor de soltar?

SABIDURÍA DEL PASADO APLICADA AL PRESENTE

Después de haber reflexionado sobre una experiencia personal pasada de transformación, recoge las percepciones y los aprendizajes y aplícalos al presente. Si tu comunidad está actualmente comprometida en el trabajo de transformación, responde a las mismas preguntas de reflexión desde la perspectiva de la comunidad en general. Si actualmente estás atravesando tu propia transformación personal, responde a las mismas preguntas de reflexión aplicadas a ti hoy.

Transformación comunitaria

1. Identifica los puntos cardinales de tu comunidad.

2. Explora las formas en que tu comunidad coopera con la gracia.

3. Reflexiona sobre las opciones que tu comunidad está tomando para la rendición madura.

Transformación personal

1. Identifica los puntos de tu brújula personal.

2. Explora las formas en que cooperas con la gracia.

3. Reflexiona sobre las opciones que estás tomando para una rendición madura.

PARTE IV:
ELEMENTOS DINÁMICOS
DE LA TRANSFORMACIÓN

La verdad, he llegado a pensar, es que no hay tal cosa como tener una sola vida por delante. El hecho es que cada vida es simplemente una serie de vidas, cada una de ellas con su propia tarea, su propio sabor, su propio sello de esfuerzos, su propio tipo de pecados, sus propias glorias, su propio tipo de profunda, fría y húmeda desesperación, su propia plétora de posibilidades; todo ello diseñado para conducirnos al mismo fin: la felicidad y la sensación de plenitud.

Lo más evidente para mí ahora es que cada una de nuestras vidas separadas, por mucho que formen parte de una línea de vida continua, es discreta. Cada una de ellas es distinta, es en realidad una parte singularmente aprehensible del conjunto de la vida. Cada una de ellas nos hace de nuevo. Y cada una de ellas tiene un propósito.
Joan Chittister, El don de los años

La transformación como misterio pascual

El viaje de transformación, aunque abarca un profundo cambio personal, comunitario y sistémico, es, en esencia, un viaje de fe. Aunque gran parte de lo que sabemos de la transformación sigue siendo un misterio, cada vez estamos más familiarizados con sus caminos. En las Partes I, II y III empezaste a explorar algunos de estos caminos. Has reflexionado sobre lo que te lleva a estas encrucijadas, las invitaciones más profundas en las encrucijadas, una totalidad oculta, lo que se te pide para pasar por la puerta estrecha y lo que significa cooperar con la gracia. ¿Qué más sabemos de este viaje de fe y del trabajo del alma que se nos exige en el camino?

Recuerda, una vez más, la experiencia de la encrucijada de gracia que identificaste en la Parte III. Cuando te transformaste, cada parte de tu ser cambió: tus valores, identidad, compromisos primarios, tu propósito en la vida, y tu relación con Dios. A medida que atravesamos experiencias transformadoras en la vida, nuestra alma, psique y redes relacionales evolucionan. Incorporando lo que éramos antes de que se produjera esta transformación, en última instancia trascendemos lo que una vez fuimos y, literalmente, volvemos a ser nuevos. "En verdad, en verdad os digo que el que no nazca de nuevo no puede ver el reino de Dios" (Juan 3:3).

¿Cuáles son los elementos psicosociales y espirituales que intervienen cuando experimentamos cambios tan profundos en nuestra vida? En la parte II, te presenté brevemente los cinco elementos dinámicos que son intrínsecos a este trabajo del alma. Estos elementos son dinámicos en el sentido de que interactúan y están interconectados. No se trata de pasos separados, discretos y lineales que se dan de uno en uno, sino que se entrelazan de forma orgánica a lo largo del viaje de transformación. Podemos centrar nuestra atención en uno u otro en un momento dado, pero cada uno forma parte de todo el movimiento en espiral. A medida que se avanza por la espiral, se va profundizando en la relación con estos cinco elementos dinámicos.

Estos cinco elementos dinámicos constituyen la esencia del trabajo interno para la transformación. Estas son las formas personales e interpersonales de cooperar con la gracia. Estos elementos están presentes tanto si hablamos de *conversión* desde una perspectiva espiritual, de *sanación* desde una perspectiva psicosocial o de *cambio sistémico* desde una perspectiva organizacional. Estos son los elementos entretejidos en los tres niveles implicados en la transformación comunitaria: personal (emocional y espiritual), interpersonal (relacional y comunitario) y sistémico (estructural y organizacional).

El propósito de la Parte IV es ayudarte a comprender y trabajar con estos cinco elementos dinámicos desde tu propia experiencia personal y no desde una perspectiva abstracta y teórica. Si puedes entender cómo estos elementos han formado parte de tus propias experiencias transformadoras, entonces puede que sientas un poco más de comodidad y confianza mientras vives el caos inherente a la transformación que tú y tu comunidad pueden estar experimentando. Comprender estos elementos te proporcionará algunos anzuelos en torno a los cuales podrás enganchar tu experiencia a través del viaje de transformación personal y comunitario. Trabajar con estas reflexiones te proporcionará un medio para cooperar con la gracia en tu propio camino de transformación.

CINCO ELEMENTOS DINÁMICOS

Aunque presenté estos cinco elementos en la Parte II, permíteme repasarlos una vez más para tu trabajo aquí en la Parte IV. En esta revisión describiré el papel de cada elemento en lo que respecta a la transformación personal y comunitaria. Después de esta introducción, se te invitará a reflexionar sobre cada uno de estos elementos en función de las experiencias transformadoras que hayas identificado en la Parte III. Posteriormente, se te invitará a reunir la sabiduría del pasado y a usarla para comprender mejor y comprometerte en el viaje de transformación de tu comunidad. Además, si actualmente te encuentras en una encrucijada en tu propia vida, se te invitará a aplicar estos aprendizajes pasados a tu viaje personal de transformación.

1. Cambios de conciencia: crear una nueva narrativa

Einstein nos enseñó que no podemos resolver los problemas actuales con el mismo nivel de conciencia que los originó. Los sanadores siempre lo han sabido, ya que hacen hincapié en la necesidad de cambiar las perspectivas, los patrones, las emociones y las creencias en las que están arraigadas nuestras heridas. En última instancia, un cambio de perspectiva o una transformación de la conciencia nos permiten escribir una nueva narrativa para que nuestra vida mejore, sea auténtica y liberadora. Es esta experiencia de verter vino nuevo en odres nuevos, la que permite que surja una nueva vida.

En otras palabras, la comunidad, en su totalidad, tendrá que hacer el mismo tipo de cambio. Esto implica un cambio colectivo en la perspectiva comunitaria sobre el significado y el propósito de su vida, replanteando lo que la misión y la comunidad significan para ustedes, y reescribiendo la narrativa de su viaje de fe comunitario.

Sin embargo, más allá de un cambio de perspectiva, está el trabajo más profundo de crecer hacia niveles superiores de conciencia. Para personas y comunidades, esto requiere practicar *mindfulness* con el fin de despertar y expandir la conciencia personal y colectiva. Sin este cambio, o una transformación más profunda de la conciencia, verás y, por lo tanto, darás forma al futuro de la misma manera que lo has hecho en el pasado. Una nueva conciencia te ayuda a reconocer las historias que te estás contando y que ya no son ciertas, y a abrir nuevas narrativas que encajen mejor con la persona en la que te estás convirtiendo.

2. Recuperar nuestra voz interior: sede y fuente de todo lo que vive

Cuando sentimos abatimiento, estamos de rodillas y nos hemos alejado de los deseos de nuestra alma, llegamos a un punto en el que esto ya no es sostenible. Nuestro falso yo se desmorona ante la hipocresía y sabemos que nuestra vida no es auténtica. Iniciamos el largo camino de vuelta para recuperar nuestro verdadero yo. Tenemos que reclamar y reautentificar nuestra voz interior, renovar nuestra alma y recuperar nuestra vida de una forma totalmente nueva. Es un viaje heroico que nos lleva a nuestro verdadero yo, a nuestros seres queridos y a Dios.

El trabajo interno para la transformación requiere que volvamos a centrar nuestra alma en la corriente de gracia que fluye por nuestra vida. Se trata de tener conversaciones honestas con Dios y despojarnos de las pretensiones de nuestro falso yo y de los apegos del ego que pueden haberse acumulado con el tiempo. Para que esto suceda, tenemos que recuperar nuestro verdadero yo y vivir más en consonancia con nuestra voz interior en lugar de vivir según las expectativas de los demás. Necesitamos conectar nuestra alma con el propósito de nuestra vida en el mundo actual descubriendo nuestras verdades más íntimas y nuestra auténtica vocación.

Para las comunidades, esto significa quitarse las máscaras y la armadura defensiva para entablar conversaciones muy íntimas sobre tus anhelos más profundos. Para ello es necesario reconstruir la confianza y restaurar el espacio verde para que el crecimiento se produzca dentro de la comunidad (y no sólo salir de ella para crecer). Significa atravesar la noche oscura como comunidad para ser más reales y honestos. Es un viaje para comunidades heroicas dispuestas a recuperar su alma, sede y fuente de su existencia. Sin este trabajo del alma, sin aprovechar su auténtica voz interior, las comunidades se limitarán a cambiar lo que hay en la superficialidad de su vida y a construir un castillo de naipes como parte de su visión del futuro.

3. Reconciliación y conversión: el seno de nuestro devenir

La reconciliación y la conversión son esenciales para que se produzca la transformación. Este trabajo del alma es el crisol de la transformación. Aquí es donde se produce el cambio y nace lo "nuevo". Nos convertimos cuando abrimos el canal y permitimos que tanto el dolor como la compasión nos transformen. Para ello, es necesario que resolvamos los conflictos y abordemos las cuestiones que, de otro modo, habríamos evitado o no habríamos resuelto con éxito, a fin de abrir y sanar nuestras heridas. Este trabajo interno es la matriz de nuestro devenir. Es donde nace lo nuevo.

Las comunidades, como las familias, acumulan equipaje pesado, años de heridas y conflictos sin resolver. Trabajar para superar estos conflictos, reconciliar las relaciones y sanar las heridas de la comunidad es el trabajo fundamental de la transformación. También es el talón de Aquiles de las comunidades, ya que la mayoría no tendrá éxito sin la formación y la ayuda adecuadas. Es el tipo de trabajo personal e interpersonal doloroso y desordenado que la mayoría de las comunidades prefieren evitar. Sin este trabajo de reconciliación y conversión, no habrá transformación. Los miembros se distanciarán emocionalmente y el colectivo se fragmentará cada vez más.

4. Experimentación y aprendizaje: actuar para llegar a una nueva forma de ser

Para atravesar un cambio profundo, tendrás que adoptar un nuevo conjunto de habilidades. No sólo necesitarás una nueva mentalidad, sino también un corazón nuevo y habilidades frescas. Dar a luz a una nueva forma de ser exige que experimentes con nuevas alianzas, así como con nuevos procesos y formas de hacer las cosas. Tendrás que ir más allá del "¡Ay, yo nunca podría hacer eso!" o "¡Nunca lo he hecho así!". Con el tiempo, tendrás que sentir más comodidad al cometer errores como parte de la naturaleza desordenada de la creatividad y el crecimiento. En última instancia, no se trata tanto de pensar como de actuar para conseguir una nueva forma de ser.

Para una comunidad, significa convertirse en una comunidad de aprendizaje. Ser una comunidad de aprendizaje exige desprenderse de la necesidad de demostrar lo mucho que ya se sabe. Esto implica romper las normas comunitarias y separarse de algunas tradiciones consagradas que nos encadenan al *statu quo* y comportarnos de formas novedosas que están fuera de nuestra zona de confort. Implica intentar las cosas de otra manera en lugar de esforzarse más. Significa cometer errores y aprender de ellos, en lugar de culparse y avergonzarse mutuamente cuando se cometen errores. Significa actuar para llegar a una nueva forma de ser, en lugar de sucumbir a la parálisis por análisis. Sin experimentar e incubar nuevas posibilidades, arriesgarse a nuevas oportunidades y colaborar de nuevas formas, no habrá transformación.

5. Visión transformadora: acumular sabiduría, tejer un sueño

No es la visión en sí lo que te transforma, sino la forma en que se hace. La visión transformadora pretende recoger la sabiduría y tejer un nuevo sueño. Implica escuchar tus anhelos más profundos y tus mayores aspiraciones para crear una nueva visión para el futuro. Requiere desprenderse de lo que ya no es verdadero, real o vivificante y escuchar lo que está dando nueva vida. Es un proceso orgánico, emergente e iterativo de discernir, escuchar dónde está la energía y soñar continuamente el futuro. Implica dar pasos sin tener una visión completa, ver qué surge y dar el siguiente mejor paso a la luz de los nuevos conocimientos.

Para las comunidades esto requiere utilizar algo más que los enfoques convencionales de planeación y visión. Cuando los problemas están claros y se conocen las soluciones, los enfoques convencionales pueden ser adecuados. Sin embargo, cuando se emprende un cambio profundo en busca de una nueva vida, los mapas conocidos y las formas tradicionales de planeación resultan inadecuados. Las comunidades necesitan nuevos enfoques de planeación y visión que les ayuden en el trabajo para la transformación, aprovechen sus anhelos más profundos, promuevan el sentido y creen oportunidades para que surja una nueva vida. Es importante ir más allá de estudiar más artículos y limitarse a nombrar temas. Tendrás que *resolver* problemas y abrigar visiones agrestes y maravillosas que te lleven a un lugar donde la nueva vida tenga una oportunidad.

Reflexión 6: Cambios de conciencia

El verdadero viaje de descubrimiento no consiste en buscar nuevos paisajes, sino en tener ojos nuevos.
Marcel Proust

Crear una nueva narrativa

El Gran Cañón tiene un aspecto muy diferente desde arriba que desde abajo. La perspectiva que podríamos tener cómodamente enclavados en el lado norte del Gran Cañon, el North Rim, es muy distinta de la que tendríamos si estuviéramos descendiendo los rápidos del río Colorado. Nuestras perspectivas, pensamientos y sentimientos cambian dependiendo de dónde nos situemos.

Un cambio profundo implica un cambio de perspectiva. Necesitamos resituarnos para desenterrar una nueva conciencia y comprensión de quiénes somos, dónde estamos y el propósito de nuestra vida. Para pasar de una forma de pensar sobre nuestra vida a otra, para escribir una nueva narrativa para nuestra vida, necesitamos cambiar la visión que tenemos de nosotras mismas y de nuestro mundo.

Uno de los aspectos más difíciles del cambio profundo son las limitaciones que nos impone nuestra propia visión del mundo. Nuestra visión del mundo nos dice lo que es posible y lo que no. Es nuestro sistema operativo interno que organiza lo que vemos, oímos, tocamos, saboreamos y olemos en nuestro entendimiento. Nuestra visión del mundo determina la mentalidad, corazón y habilidades. Es lo que determina si somos pesimistas sobre el futuro o tenemos esperanza con sus posibilidades. El trabajo interno para la transformación te invitará a adoptar un nuevo sistema operativo, un nuevo nivel de conciencia.

Puede que sientas el deseo de dar a luz un nuevo sueño, pero te cueste liberarte de tu propia visión del mundo y de tu apego al *statu quo*. Puede que anheles una nueva forma de avanzar, pero se bloquea a la hora de imaginar cómo podría ser concretamente lo nuevo. Si tuvieras que pasar por una transformación en tu propia vida, ¿qué podría surgir? No se pueden saber estas cosas de antemano ni se pueden crear, pero sí se pueden crear las condiciones para que surja lo nuevo.

Una condición esencial es la apertura a la adopción de nuevas perspectivas para comprender los retos a los que nos enfrentamos. Cuando vemos a través de una nueva lente, descubrimos que lo que pensábamos que estaba creando nuestro estancamiento o impotencia, no es toda la realidad. Tenemos la mirada en una sola rebanada del pastel y nos perdemos la totalidad. Cambiar de perspectiva es como girar un caleidoscopio. Es la misma cosa por dentro (es decir, rocas y espejos), pero con un ligero giro, aparece una imagen totalmente nueva. Del mismo modo, un ligero giro en la lente a través de la cual miramos nuestra vida, puede aportar una perspectiva y una comprensión totalmente nuevas.

Cuando empezamos a ver las cosas de otra manera, éstas ya no nos dominan como antes. Volvemos a ser libres para movernos, mientras que antes nos quedábamos en un estancamiento total. Cualquier lente que nos libere puede servir. Podemos engañar a la mente si eso es lo que queremos. Sin embargo, la transformación que estamos abordando no consiste en juegos mentales. Las lentes que nos sirven bien, que nos llevan a una mayor madurez y nos acercan a Dios, son las que nos ayudan a mirar dentro del alma. Nietzsche dijo una vez: "Miramos el mundo a través de ventanas diferentes". ¿Cuáles son las ventanas de tu alma? ¿Qué pasajes de las escrituras o qué sabios espirituales sacuden hoy tu alma, cambian tus perspectivas y te abren a nuevas aventuras?

MEDITACIONES

Thich Nhat Hanh

El pasado está vivo en el momento presente. El futuro se está forjando en el momento presente; cuida bien el momento presente. Transfórmalo. Vívelo, para que nuestra tierra, nuestros hijos, tengan un futuro.

Albert Einstein

No podemos resolver los problemas con el mismo tipo de pensamiento que usamos cuando los creamos.

Teilhard de Chardin

Para quien sabe ver, todo es sagrado.

Marcos 2:22

Nadie echa vino nuevo en odres viejos. De lo contrario, el vino reventará los odres y tanto el vino como los odres se echarán a perder. No, echan vino nuevo en odres nuevos.

1 Corintios 13:12

Porque ahora sólo vemos un reflejo como en un espejo; pero después nos veremos cara a cara. Ahora conozco solo en cierta medida; después conoceré plenamente, tal como soy plenamente conocido.

Juliana de Norwich, Revelaciones

Y con esto me mostró algo pequeño, no más grande que una avellana, que yacía en la palma de mi mano, y percibí que era tan redondo como cualquier pelota. Lo miré y pensé: ¿Qué puede ser? Y recibí esta respuesta básica: Esto es todo lo que está hecho. Me asombró que pudiera ser duradero, pues pensé que era tan poco que de pronto podría volverse nada. Y recibí respuesta en mi entendimiento: Dura y siempre durará, porque Dios lo ama; y así todo tiene que ser por el amor de Dios. En esta cosita vi tres propiedades. La primera es que Dios la hizo, la segunda es que Dios la ama, y la tercera es que Dios la conserva... Estoy tan unida a él que no puede haber creación alguna entre Dios y yo.

REFLEXIONES Y EJERCICIOS EN TU DIARIO

Vuelve a tu primera reflexión sobre tus propias experiencias de transformación. Recuerda un viejo guión sobre ti y tu vida que, en algún momento, empezaste a reconocer que te limitaba, te restaba poder o ya no se ajustaba a la verdad de quién eras. ¿De quién era la voz que te dio este guión (por ejemplo, tu madre, tu padre, tu pareja)? ¿Quién te dijo, por ejemplo, que no tenías suficiente bondad, suficiente inteligencia, o suficiente dignidad?

Por el contrario, ¿la voz de quién te habló de un nuevo guión (por ejemplo, tu madre, tu padre, tu pareja) o te proporcionó una nueva lente con la que entender quién eras realmente? ¿Qué nuevas perspectivas empezaron a surgir que te ayudaron a ver una verdad más profunda sobre ti y la vida que estabas viviendo? Recuerda quién te acompañó y qué ayudó a que surgiera un nuevo guión, la historia de tu nueva vida.

1. Describe las falsas narrativas. Cuando llegaste a una encrucijada, ¿cuáles eran las historias que te habías estado contando sobre tu vida que ya no eran ciertas? Eran las historias, los guiones que formaban tu imagen personal y dirigían tu vida de forma contraria a tu verdadero yo emergente, a tu nueva realidad y tu nueva identidad. Te impedían creer en ti. Te mantenían encasillado, encasillada y sin libertad. ¿Cuáles eran esas historias?

2. Identifica a quienes dicen la verdad. ¿Quién creyó en ti cuando estabas en un punto en el que ya no podías creer en ti y qué vio en ti que tú no podías ver sobre ti?

   a. Por ejemplo, ¿cómo llegaste a saber que, de hecho, eras adorable, cuando antes te considerabas poco adorable o sin la suficiente bondad?

3. Prueba la verdad. ¿Cómo tuviste la certeza de que esta nueva forma de verte era realmente cierta y no algún tipo de falsa

seguridad que te daba alguien que intentaba reforzar tu ego y ayudarte a sentirte mejor?

4. Mira a través de las nuevas lentes. ¿Qué nuevos enfoques de la naturaleza, las escrituras, el arte, los libros o las personas que conocías te han parecido liberadores, te han ofrecido nuevas perspectivas y han impulsado tu alma hacia un nuevo crecimiento?

SABIDURÍA DEL PASADO APLICADA AL PRESENTE

Después de haber reflexionado sobre una experiencia personal pasada de transformación, recoge las percepciones y los aprendizajes y aplícalos al presente. Si tu comunidad está actualmente comprometida con el trabajo de transformación, responde a las mismas preguntas de reflexión desde la perspectiva de la comunidad conjuntamente. Si actualmente estás atravesando tu propia transformación personal, responde a las mismas preguntas de reflexión aplicadas a ti hoy.

Transformación comunitaria

1. ¿Cuáles son las historias que tu comunidad se cuenta continuamente, o que otras personas dicen de ustedes, que ya no son ciertas?

2. ¿Quién está contando ahora a tu comunidad una historia real sobre tener valía, suficiente bondad, dignidad y amor?

3. ¿Cómo sabes que esas voces dicen la verdad y no una especie de falsa tranquilidad?

4. ¿Qué nuevas lentes y perspectivas están liberando a tu comunidad y sacudiendo tu alma?

Transformación personal

1. ¿Cuáles son las historias que te cuentas, o que otras personas dicen de ti, que ya no son ciertas?

2. ¿Quién te está contando una historia real sobre tener valía, suficiente bondad, dignidad y amor?

3. ¿Cómo sabes que esas voces son verdaderas y no una especie de falso consuelo?

4. ¿Qué nuevas lentes y perspectivas te están liberando y removiendo el alma?

Reflexión 7: Recupera tu voz interior

El alma no tiene nada de neutro. Es la sede y la fuente de la vida. O respondemos a lo que el alma nos presenta en sus fantasías y deseos, o sufrimos por este descuido de nosotros mismos.
Thomas Moore, El cuidado del alma

Sede y fuente de todo lo que vive

Thomas Moore sugiere que "la fe es un don del espíritu que permite al alma permanecer apegada a su propio desarrollo". Cuando nos encontramos con una encrucijada en la vida y estamos inmersos en una crisis, hemos llegado a un punto en el que nuestra alma ha perdido la conexión con su propio desarrollo. Hay una desconexión entre cómo vivimos nuestra vida y cómo debemos vivir. Hay una desconexión entre la persona que proyectamos y nuestra verdadera identidad. Nuestra vida está desalineada y desvinculada del alma. Theodore Roethke capta el tormento de esta desconexión: "Qué es la locura sino la nobleza del alma en desacuerdo con las circunstancias. El día está que arde y conozco la pureza de la mera desesperación".

El trabajo interno para la transformación es la labor de reclamar, volver a identificar y volver a alinear el alma con nuestra vida. Las experiencias transformadoras en la vida son experiencias cercanas a la muerte del alma.

Despertamos de la locura y la desesperación justo a tiempo, habiendo pagado ya un precio terrible. Sin embargo, el costo de recuperar nuestra alma sigue siendo enorme. Es una perla preciosa. Llegamos a un punto en la encrucijada en el que nos damos cuenta de que debemos pagar el precio de recuperar esta perla de vida nueva; de lo contrario, pagaremos un precio inimaginable de muerte sin redención.

En estos momentos de "vida o muerte", estamos dispuestos a arriesgar pérdidas que antes considerábamos insoportables, incluso a arriesgar la vida misma, para recuperar nuestra alma. Estamos dispuestos a soportar el dolor de perder a quien una vez fuimos o a quien una vez amamos. Sabemos que debemos dejar morir lo que necesita morir para dar vida a nuestro nuevo yo, para vivir más plenamente alineados con lo que Dios quiere que seamos. Pagamos el precio porque la alternativa es impensable.

Lograr que tu alma vuelva a ser auténtica significa recuperar tu verdadero yo y hacerlo manifiesto en tu vida. Significa realinear tu vida de acuerdo con los anhelos más profundos de tu alma. Significa crecer en una fe más madura, "para que cumpláis la voluntad de Dios para con vosotros" (Colosenses 4:12). Deja que tu alma hable y se muestre como realmente es y no como tú deseas que sea o lo que deseas que los demás vean.

Lograr que tu alma vuelva a ser auténtica tiene más que ver con el cuidado de tu alma que con algún tipo de sanación. Es la atención continua a tu voz interior, que ha sido descuidada o eclipsada por la búsqueda egoísta de satisfacciones temporales. Escucha las historias más profundas y eternas del desarrollo de tu vida, no las temporales. Las palabras de John O'Donohue lo dicen bien: "Me encantaría vivir como fluye un río, conducido por la sorpresa de su propio curso".

MEDITACIONES

Parker Palmer, Deja que tu vida hable

Como un animal salvaje, el alma es dura, resistente, ingeniosa, astuta y autosuficiente. Sabe cómo sobrevivir en lugares difíciles. Conocí estas cualidades durante mis ataques de depresión. En esa oscuridad mortal, las facultades de las que siempre había dependido se derrumbaron. Mi intelecto era inútil; mis emociones estaban muertas; mi voluntad se sentía impotente; mi ego estaba destrozado. Pero de vez en cuando, en lo más profundo de la espesura de mi desierto interior, podía sentir la presencia de algo que sabía cómo mantenerse vivo incluso cuando el resto de mí quería morir. Ese algo era mi alma dura y tenaz.

Romanos 8:19-22

Porque la creación espera con ansia la revelación de los hijos de Dios. Porque la creación fue sometida a la inutilidad, no voluntariamente, sino a causa de aquel que la sometió, con la esperanza de que la creación misma sea liberada de su esclavitud a la corrupción, y obtenga la libertad de la gloria de los hijos de Dios. Porque sabemos que toda la creación ha estado gimiendo con dolores de parto hasta ahora.

Ted Loder, Llévame a las profundidades para que me enfrente a mi propio ser

Señor, concédeme tu paz, porque he hecho las paces con lo que no me da paz y tengo miedo.

Condúceme, ahora, a enfrentarme a mi propio ser para que pueda ver que lo que verdaderamente debo temer es...
mi capacidad de engañar y mi disposición a que me engañen,
mi amor por las cosas y cómo uso a las personas,
mi lucha por el poder y mi encogimiento de alma,
mi adicción a la comodidad y la sedación de mi conciencia,
mi disposición a criticar y mi renuencia a crear,
mi clamor por el privilegio y mi silencio ante la injusticia,
mi búsqueda de seguridad y mi abandono del reino.
Señor, concédeme tu paz. Infunde en mí tal temor de ti que comience a adquirir sabiduría,
y tal valor apacible que me permita comenzar a hacer visible la esperanza;
delicioso el perdón; contagioso el amor; liberadora la fe; alegre la pacificación;
y a mí, con apertura y presencia a las demás personas y a tu reino.

Han C. Merrill, Salmos para rezar

Porque parece que estoy a punto de caer, mi dolor siempre me acompaña.
Confieso mis defectos, lamento mi transgresión.
Con misericordia, Tú arrojas luz en mis tinieblas,
ya no puedo esconderme tras el escudo de la ignorancia.
Los que eligen vivir en la oscuridad son mis adversarios,
porque ahora elijo caminar en la luz.

Richard Rho, En el umbral de la transformación: meditaciones diarias

En el interior de cada persona reside un material sombrío, pero el hombre que esté dispuesto a enfrentarse a su propia capacidad de oscuridad descubrirá su más profunda bondad interior y la presencia de lo Divino en su interior. Algunos hombres nunca descubren la presencia divina en su interior porque no se atreven a enfrentarse a sus demonios. No intentes diseñar este proceso ni fabricar ningún ángel. Se te hará; simplemente no odies ni temas la caída.

Diarmuid O'Murchu, Fe adulta

Quizá el mayor reto de este proceso de transformación sea la necesidad de recuperar al adulto vulnerable. Este es, de hecho, el yo interior que hemos conocido a lo largo de millones de años de nuestra anterior evolución como especie humana. La vulnerabilidad es un don de la gracia. Nos mantiene cerca de la ternura y la fragilidad de todos los organismos vivos. Nos mantiene con mayor apertura y receptividad a la sorpresa de lo nuevo. Y nos alerta sobre el peligroso atractivo de los juegos heroicos de poder.

REFLEXIONES Y EJERCICIOS EN TU DIARIO

Por alma entiendo la quintaesencia de nuestro ser, nuestro lugar último en el universo, donde Dios y yo estamos en perfecta unión. En realidad, no podemos identificar el alma de una persona a partir de sus funciones sociales o títulos laborales. Ninguna de ellas llega al misterioso núcleo de nuestra identidad. Cualquier intento por definir nuestra propia alma no bastaría como medio de destilación de las experiencias vitales, el significado colectivo que es el alma. Y por "lugar en el universo" me refiero al papel integral que desempeñamos en la Creación, en el sueño de Dios que se despliega: nuestra verdadera vocación.

1. Tu alma: Aunque el alma inefable nos confunde a todos, ¿cómo entiendes lo que es tu propia alma y el papel que has de desempeñar en el sueño de Dios que se revela?

2. Tu trabajo del alma: Vuelve a las reflexiones de encrucijada sobre tus propias experiencias de transformación:

    a. ¿Cuál era el trabajo del alma que hacías en ese momento?

    b. ¿Cuál fue tu perla preciosa y cuánto te costó?

    c. ¿Qué decidiste dejar morir (por ejemplo, relaciones, actitudes, imagen falsa o afanes) y qué nueva vida surgió como resultado?

3. Las sacudidas de tu alma: Desde el fondo de tu alma que se sacudía por la noche, o en los momentos silenciosos de tus cavilaciones diurnas, ¿había algo que necesitabas oír?

    a. ¿Qué te decía tu alma en esos momentos?

    b. ¿Qué partes de tu alma estaban desvinculadas o desalineadas de tu propia vida?

    c. ¿Cómo cuidabas de tu propia alma y cuál era el trabajo del alma que se te pedía que hicieras?

SABIDURÍA DEL PASADO APLICADA AL PRESENTE

Después de haber reflexionado sobre una experiencia personal pasada de transformación, recoge las percepciones y los aprendizajes y aplícalos al presente. Si tu comunidad está actualmente comprometida con el trabajo de transformación, responde a las mismas preguntas de reflexión desde la perspectiva de la comunidad conjuntamente. Si actualmente estás atravesando tu propia transformación personal, responde a las mismas preguntas de reflexión aplicándolas a ti hoy.

Transformación comunitaria

1. ¿Cómo entiendes lo que es el alma de tu comunidad y el papel que desempeña en el desarrollo del sueño de Dios?

2. ¿Cuál es el trabajo del alma que tu comunidad necesita hacer?

3. ¿Qué oyes sacudirse en el alma de tu comunidad?

Transformación personal

1. ¿Cómo entiendes lo que es tu alma y el papel que desempeña hoy en el sueño de Dios que se está revelando?

2. ¿Cuál es el trabajo del alma que tienes que hacer ahora?

3. ¿Qué oyes sacudirse en tu propia alma?

Reflexión 8: Reconciliación y conversión

Os daré un corazón nuevo y os infundiré un espíritu nuevo; os quitaré vuestro corazón de piedra y os daré un corazón de carne.
Ezequiel 36:26

El vientre de nuestro devenir

Cuando nos separamos de nuestro verdadero yo, ya no estamos completos. Cuando partes de nuestro verdadero yo se han perdido, ocultado o proyectado en los demás, vivimos una vida fragmentada. Actuamos de una manera en casa, de otra en el trabajo y de otra con nuestros amigos. Con algunas personas somos más fieles a nosotros mismos y con otras somos impostores que interpretan un papel. Trabajamos en entornos que están en contradicción con nuestros valores básicos. Albergamos secretos y manipulamos la información que compartimos para nuestro beneficio personal. Ocultamos nuestras creencias a aquellos con los que no estamos de acuerdo porque tememos ser juzgados o causar conflictos. Ocultamos nuestra verdadera identidad y vivimos una vida que no es auténtica y que está desintegrada. Tarde o temprano, este castillo de naipes se derrumba y caemos en la gracia.

Cuando tocamos fondo, llegamos a un punto en el que ya no tenemos nada de valor que perder y decidimos que ya es suficiente, nos enfrentamos a la elección de reconciliarnos o no con nuestra ruptura. Nos queda recorrer el largo camino en busca de nuestra totalidad oculta. Nuestra tarea consiste en reconocer las rupturas que hemos experimentado en nosotros mismos o entre nosotros y los demás. Este camino hacia la sanación y la plenitud es el crisol de la transformación. Es donde forjamos el carácter y maduramos nuestra alma. Es el trabajo de transformación más doloroso y provechoso.

La reconciliación y la conversión suceden en más lugares que la capilla y con más personas que los directores espirituales o los consejeros. Las conversaciones privadas con Dios son esenciales. Aun así, son insuficientes para completar la labor de reconciliación. Tal vez puedas reparar tu propio corazón con la oración, pero no puedes sanar una relación rota sólo con la oración. Hay dimensiones personales, interpersonales y comunitarias en este trabajo, y si falta alguna de ellas, el trabajo quedará incompleto.

La mayoría deseamos evitar este trabajo como si fuera una plaga porque desprende la costra de heridas que preferiríamos no volver a exponer. Preferimos dejar que estas heridas se sanen y olvidarnos de ellas. Pero esto no sanará nuestra alma. Permanecerá magullada y nuevos recordatorios de incidentes similares no harán sino volver a herir el alma y hacer más profundas esas heridas. Sin embargo, la evasión de nuestro trabajo personal no es nada comparado con nuestra evasión del trabajo *interpersonal* y *comunitario* de reconciliación. Este nivel de vulnerabilidad conlleva un mayor riesgo y una mayor recompensa, pero el riesgo de resultar herido es un puente demasiado extenso para muchos, y la recompensa se abandona. Como era de esperar, nuevos recuerdos de incidentes similares vuelven a herir el alma de todas las personas implicadas. Las relaciones y la propia comunidad quedan heridas. Seguimos por el camino, con el daño hecho y el pesado equipaje en la mano.

El trabajo interno de la conversión comienza con una confrontación amorosa entre Dios y nuestro yo más íntimo. Entonces damos el siguiente paso de reconciliarnos y sanar las relaciones de nuestra vida que han sido heridas. Esta reconciliación interpersonal es un paso necesario para restaurar la totalidad oculta en nuestro interior, en nuestras relaciones y en la comunidad.

MEDITACIONES

Henri Nouwen, La oscuridad y el amanecer

El rabino preguntó a sus alumnos: "Cuando se acaba la noche y empieza el día, ¿cómo podemos determinar la hora del amanecer?" Uno de los alumnos del rabino sugirió: "¿Cuando desde lejos se puede distinguir entre un perro y una oveja?" "No", fue la respuesta del rabino.

"¿Es cuando uno puede distinguir entre una higuera y una vid?" preguntó un segundo estudiante. "No", dijo el rabino. "Por favor, dinos entonces la respuesta", dijeron los alumnos.

"Es entonces", dijo el sabio maestro, "cuando puedes mirar a la cara de otro ser humano y tienes suficiente luz en ti para reconocer a tu hermano o a tu hermana. Hasta entonces es de noche. Y la oscuridad sigue dentro de nosotros".

Ronald Rolheiser, Santo Anhelo

Decir: "¡No tengo que ocuparme de esto!" va en contra de las enseñanzas de Cristo, porque esto es precisamente a lo que se refería cuando dijo: "Si no coméis mi carne, no tendréis vida en vosotros". Jesús, al menos en el evangelio de Juan es claro. No podemos pasar por alto una familia imperfecta en la tierra para tratar de relacionarnos con un Dios sin defectos en el cielo. La comunidad concreta es un elemento innegociable con la búsqueda espiritual porque, precisamente, somos cristianos, no simplemente teístas.

1 Juan 1:9-10

Si confesamos nuestros pecados, Él es fiel y justo y nos los perdonará y nos purificará de toda maldad. Si afirmamos que no hemos pecado, le hacemos pasar por mentiroso y su palabra no está en nosotros.

Mateo 5:23-26

Por eso, si estás ofreciendo tu ofrenda en el altar y allí recuerdas que tu hermano tiene algo contra ti, deja allí tu ofrenda ante el altar y vete. Primero reconcíliate con tu hermano, y luego ven con tu ofrenda. Llega pronto a un acuerdo con tu acusador mientras vas con él a la tribuna; no sea que tu acusador te entregue al juez, y el juez al guardia, y seas encarcelado. En verdad te digo que nunca saldrás hasta que hayas pagado el último centavo.

Joan Chittister, Una espiritualidad para el siglo XXI

Podemos arrodillarnos y arrodillarnos y arrodillarnos, pero nada cambia porque arrodillarse no es lo que necesitamos para ablandar nuestra alma en ese momento. Podemos ayunar y arrodillarnos y diezmar y nada cambia porque en realidad no queremos que nada cambie. El crecimiento no es un accidente. El crecimiento es un proceso. Tenemos que querer crecer. Tenemos que querer apartar las piedras que nos sepultan en nosotras mismas. Benedicto confía en que tomemos la decisión de disciplinarnos de algún modo, de alguna manera, para que no nos hundamos en el fango de la autosatisfacción, tan espeso que no haya rescate para nuestra alma saciada.

REFLEXIONES Y EJERCICIOS EN TU DIARIO

Reconciliación y conversión intrapersonal

El trabajo interno para la transformación nos invita a recomponer lo que una vez estuvo completo, pero que desde entonces se ha fragmentado. Se nos pide que reconozcamos nuestra creciente hipocresía y la desconexión entre nuestra alma y nuestra vida. Se nos insta a enfrentarnos a nuestros miedos, culpas y vergüenzas. Por un lado, hacemos este duro trabajo interno de ajuste de cuentas porque el dolor de no hacerlo es insoportable. Nos sentimos reconfortados en esta labor porque en el fondo sabemos del amor incondicional de Dios, del amor que deseamos ofrecer a los demás y de la totalidad oculta que yace bajo esas partes no reconciliadas de nuestra alma.

1. Sanación personal. Retoma tus reflexiones sobre la encrucijada identificada en la Parte III. ¿Cuál fue la sanación personal que tuviste que hacer y cómo la hiciste? ¿De qué manera el trabajo interno que has realizado te ha dado más integridad?

Reconciliación y conversión interpersonal

Una cosa es reconocer nuestros defectos personales en la intimidad de nuestras propias oraciones, nuestro propio diario o en compañía de un guía o una guía espiritual o terapeuta. Otra cosa es enfrentarse a aquellos a quienes hemos herido o quienes nos han herido. Reconciliarse significa comprometerse con aquellos con quienes hemos intercambiado heridas por falta de honestidad o compasión, juicios mezquinos, comportamientos irresponsables o malentendidos. La reconciliación incluye enfrentarse a las personas que amamos reconociendo que nuestro amor a veces ha fallado. La conversión se produce cuando nos enfrentamos a quienes han ejercido violencia contra nosotros y encontramos el perdón en nuestro corazón. Los únicos que pueden reconciliar las heridas de una comunidad de fe son los propios miembros de la comunidad.

Sanación interpersonal. ¿Cuáles han sido algunos de los trabajos interpersonales para reparar relaciones en la comunidad en el pasado? ¿Cómo has atendido el trabajo interpersonal de reconciliación y transformación (o lo has atendido)?

SABIDURÍA DEL PASADO APLICADA AL PRESENTE

Después de haber reflexionado sobre una experiencia personal pasada de transformación, recoge las percepciones y los aprendizajes y aplícalos al presente. Si tu comunidad está actualmente comprometida en el trabajo de transformación, responde a las mismas preguntas de reflexión desde la perspectiva de la comunidad. Si actualmente estás atravesando tu propia transformación personal, responde a las mismas preguntas de reflexión aplicadas a ti hoy.

Transformación comunitaria

1. ¿Cuáles son las heridas en la comunidad que requieren sanación para restaurar la totalidad oculta de la comunidad?

2. ¿Cómo llevas a cabo esta labor interpersonal de reconciliación y sanación?

Transformación personal

1. ¿Qué heridas arrastras que requieran sanación para restablecer tu propia totalidad oculta?

2. ¿Cómo llevas a cabo este trabajo personal de reconciliación y sanación?

Reflexión 9:
Experimentación
y aprendizaje

Para que nuestra vida tenga sentido, debe conseguir continuar la labor creativa de la evolución.
Teilhard de Chardin

Una nueva forma de ser

¿Cómo aprendiste a tocar un instrumento, a practicar un nuevo deporte, a hablar un nuevo idioma, a bailar, a cantar o a adquirir cualquier otra habilidad en la vida? No son habilidades que se adquieren en un libro, sino con la experiencia. Es posible que la lectura te haya dado algunas buenas ideas, pero fue practicando, tanteando y perfeccionando como adquiriste destreza. ¿Cómo aprendiste a amar, a vivir en comunidad, a formar equipo con los demás, a estar con Dios o cualquiera de estas formas de relacionarte? No son habilidades que se aprenden en un libro. Esto también se aprende con la experiencia.

No estoy criticando la educación. Llegué tan lejos como pude en la escuela y soy un lector voraz con un escritorio enterrado en libros. Pero por mucho que lea, estudie y busque en Google información nueva, ninguna de esas horas invertidas me ha aportado un ápice de sabiduría ni me ha hecho madurar en modo alguno. Los libros pueden darte conocimientos, pero la sabiduría viene de la experiencia y la experiencia es lo que te transforma. Los libros pueden prepararte, ayudarte a entender las cosas, darte nuevas ideas, pero la transformación es la experiencia vivida por el alma para madurar. El poder del trabajo interno para la transformación te invita a *actuar para llegar a una nueva forma de ser*, no a pensar para llegar a una nueva forma de actuar.

A veces, cuando tenemos una nueva percepción, intentamos actuar en consecuencia con nuevos comportamientos. Otras veces, "actuamos" de formas nuevas sin entender conscientemente por qué. Intuimos nuestro camino, actuamos según nuestros impulsos emergentes sin mucha disciplina, comprensión o delicadeza. No siempre es bonito, exitoso o socialmente aceptado. Por eso los adolescentes se meten en muchos problemas por su comportamiento. Sin embargo, ¡fíjate cuánto se crece durante la adolescencia! Llevamos a cabo impulsos de crecimiento incluso antes de comprender lo que nos impulsa. Aprender haciendo es nuestra forma de evolucionar. La transformación es la evolución en acción.

Carl Jung dijo una vez: "Los problemas más grandes e importantes de la vida son fundamentalmente irresolubles. Nunca pueden resolverse, sólo superarse". La maduración no es un problema que se tenga que resolver. El misterio no es un problema que se tenga que resolver. Estos no son los asuntos de nuestra mente, sino la sustancia de nuestra alma. Nuestra alma no puede madurar sin asumir nuevos riesgos en nuestro comportamiento.

El trabajo interno para la transformación requiere arriesgarse a experimentar externamente nuevos comportamientos. Aquí es donde se vive la vida: en misión, en comunidad y con nuestra familia y amigos. El trabajo interno para buscar el crecimiento de nuestra alma debe incluir el cambio de patrones de interacción con los demás, como, por ejemplo, dar voz cuando típicamente hemos callado, o callar cuando típicamente hemos hablado. Romper las normas, probar nuevos comportamientos y crear nuevas pautas son los experimentos de transformación de nuestra vida. Thich Nhat Hanh lo dice de esta manera: "Nuestra propia vida es el instrumento con el que experimentamos la verdad". El trabajo interno para la transformación nos invita a experimentar con la verdad actuando de nuevas formas.

MEDITACIONES

Neale Donald Walsh, Conversaciones con Dios

Anhelar un nuevo camino no lo producirá. Sólo acabando con las viejas costumbres se puede lograr. No puedes aferrarte a lo viejo mientras declaras que quieres algo nuevo. Lo viejo desafiará a lo nuevo; lo viejo negará lo nuevo; lo viejo denostará lo nuevo. Sólo hay una manera de traer lo nuevo. Debes hacerle espacio.

Richard Rho, Caída hacia arriba

La religión madura implica que cambiemos y dejar que el encuentro con la gracia, la misericordia y el perdón nos cambien. Ésta es la verdad que nos hará libres.

Efesios 4:13-15

...Hasta que todos lleguemos a la unidad que nos da la fe y el conocimiento del Hijo de Dios, a la condición de un hombre maduro, a la medida de la estatura que corresponde a la plenitud de Cristo. Por consiguiente, ya no hemos de ser niños, sacudidos por las olas y llevados de aquí para allá por todo viento de doctrina, por la astucia de hombres, por las artimañas engañosas del error; sino que, hablando la verdad en el amor, hemos de crecer en todos los aspectos en Aquel que es la cabeza, es decir, Cristo.

Margaret Wheatley

La obediencia estricta y el cumplimiento destruyen la creatividad.

Joan Chittister, Entre la oscuridad y la luz del día

El fracaso nos da la oportunidad de experimentar con la vida, de jugar un poco con ella, de movernos en distintas direcciones hasta encontrar, como aprendimos de Cenicienta cuando éramos niños, el zapato que nos queda bien. Porque lo que no encuentra su lugar nos irritará toda la vida. Viviremos en el dolor innecesario que supone forzarnos a hacer algo que no sólo nos avergüenza, sino que nos encoge el corazón y nos apaga el ánimo.

REFLEXIONES Y EJERCICIOS EN TU DIARIO

Vuelve a la primera reflexión sobre tus propias experiencias transformadoras en la vida.

1. Interpretación: ¿Qué "interpretaciones" tuvieron lugar durante tu propio tiempo de transformación? ¿Qué hiciste antes de estar preparada o de entender lo que estaba ocurriendo? ¿Qué pasos diste, por torpes y dolorosos que fueran, en la dirección correcta?

2. Nuevas habilidades y comportamientos: A veces, sabemos cómo queremos crecer, pero aún no hemos adquirido los comportamientos que se ajustan a nuestros conocimientos recién descubiertos. Podríamos fijarnos en los demás, o relacionarnos con nuevos amigos o mentores que tengan estas habilidades y muestren estos comportamientos. ¿Qué nuevos comportamientos o habilidades has tenido que adquirir para crecer y convertirte en tu verdadero yo, y de quién los has aprendido?

3. Desaprender: La transformación suele consistir más en desaprender que en aprender. ¿Qué fue lo más importante que tuviste que desaprender para crecer y transformarte como lo hiciste?

4. La experiencia de ir a tientas: ¿Cómo ha sido ir a tientas y no poder adquirir nuevas habilidades en la experimentación de nuevos comportamientos? ¿Cómo lo has manejado? ¿Cómo te corregiste y te recuperaste?

SABIDURÍA DEL PASADO APLICADA AL PRESENTE

Después de haber reflexionado sobre una experiencia personal pasada de transformación, recoge las percepciones y los aprendizajes y aplícalos al presente. Si tu comunidad está actualmente comprometida en el trabajo de transformación, responde a las mismas preguntas de reflexión desde la perspectiva de la comunidad. Si actualmente estás atravesando tu propia transformación personal, responde a las mismas preguntas de reflexión aplicadas a ti hoy.

Transformación comunitaria

1. ¿De qué manera puede estar actuando tu comunidad con impulso hacia una nueva vida?

2. ¿Qué nuevas competencias o comportamientos deben adquirirse y cómo podría hacerlo tu comunidad?

3. ¿Qué cosas debe desaprender tu comunidad para abrir espacio a lo nuevo?

4. ¿Cuál ha sido la experiencia de tu comunidad cuando anda a tientas y cómo la está manejando?

Transformación personal

1. ¿De qué manera podrías estar actuando con impulso hacia una nueva vida?

2. ¿Qué nuevas habilidades o comportamientos necesitas adquirir y cómo podrías adquirirlos?

3. ¿Qué cosas debes desaprender para abrir espacio a lo nuevo?

4. ¿Cuál ha sido tu experiencia cuando andas a tientas y cómo la manejas?

Reflexión 10:
Visión transformadora

Caminante, son tus huellas y el camino nada más; caminante, no hay
camino, se hace camino al andar. Al andar se hacer el camino, y al
volver la vista atrás se ve la senda que nunca se ha de volver a pisar.
Caminante no hay camino sino estelas en el mar.
Antonio Machado, *Proverbios y canciones diminutas*

Reúne la sabiduría, teje un sueño

La visión transformadora es el eje que conecta los otros cuatro elementos
dinámicos a través de un proceso de creación de un futuro distinto de tu
pasado. Es la forma en que das vida a tus anhelos más profundos y a tus
mayores aspiraciones. Es el movimiento global a través del cual se entretejen y
manifiestan los otros cuatro elementos dinámicos del viaje de transformación.
Tu trabajo interno aquí consiste en dar expresión a tu yo más verdadero
mediante el futuro que tratas de crear y la manera en que le das forma.

Cuando atravesamos una experiencia transformadora en la vida, descubrimos,
o redescubrimos de nuevas formas, cuál es nuestro verdadero propósito en la
vida. Comprendemos nuestra vocación de una manera nueva y reclamamos
un nuevo camino. No hay un gran plan trazado de antemano. Más bien, en el
fondo sabemos que estamos dando un paso hacia una nueva dirección y que,

de alguna manera, la vida nunca volverá a ser la misma. Cuando ingresaste a la vida religiosa o asumiste un compromiso importante, ¿lo planeaste estratégicamente? ¿Has establecido metas y objetivos en un calendario? Probablemente no.

Estos compromisos que cambian la vida son siempre un acto de fe. Los caminos nuevos, los que persiguen a las almas inquietas, siempre se hacen andando. Nuestra forma de ver es *emergente*, en el sentido de que cada paso que damos hacia los deseos del alma nos revela nuevas percepciones, una mayor claridad y una mejor comprensión de cómo avanzar posteriormente. Nuestra forma de ver las cosas es *orgánica*, en el sentido de que se trata de un verdadero proceso madurativo de crecimiento, no de un gran plan de nuestro propio diseño arquitectónico. Igual o más importante que la forma que damos a lo que hacemos es la manera cómo lo hacemos. El proceso de crear una visión es transformador en sí mismo: confiar en la gracia de Dios para que nos guíe; crear nuevas colaboraciones y encontrar acompañantes a lo largo del camino; descubrir los abundantes dones que no sabíamos que teníamos; y expandir nuestra alma de nuevas maneras.

Henry David Thoreau dijo una vez: "Cuando nuestra vida es verdadera, estamos despiertos en nuestros sueños". Cuando nuestra alma se conecta con nuestros anhelos más profundos, cuando estamos despiertos y conscientemente permitimos que nuestros anhelos informen cómo nos movemos hacia el futuro, entonces nos estamos permitiendo que se nos transforme mientras caminamos. Si reprimimos los anhelos e impedimos que surja la esperanza, corremos el riesgo de perder una nueva vida. Miguel Ángel lo expresó de esta manera: "El mayor peligro para la mayoría de nosotros no es que nuestro objetivo sea demasiado alto y lo perdamos, sino que sea demasiado bajo y lo alcancemos". Apunta alto. ¡Da vida a tus mayores aspiraciones!

MEDITACIONES

Rainer Maria Rilke

Debes dar a luz a tus imágenes. Son el futuro esperando nacer. No temas la extrañeza que sientes. El futuro debe entrar en ti mucho antes de que suceda. Espera el nacimiento para la hora de la nueva claridad.

Apocalipsis 21:1-3, 5a

Entonces vi cielos nuevos y tierra nueva. Los antiguos cielos y la antigua tierra habían desaparecido, y el mar ya no existía. También vi una nueva Jerusalén, la ciudad santa, que bajaba del cielo, de Dios, hermosa como una novia preparada para encontrarse con su esposo. Oí una fuerte voz que clamaba desde el trono: "Esta es la morada de Dios entre los hombres. Él habitará con ellos, y ellos serán su pueblo y él será su Dios que siempre está con ellos". El que estaba sentado en el trono me dijo: "¡Mira, hago nuevas todas las cosas!"

REFLEXIONES Y EJERCICIOS EN TU DIARIO

Una vez más, vuelve a tus reflexiones anteriores recordando experiencias transformadoras de tu vida y explora las siguientes preguntas.

1. Anhelos más profundos: ¿Cuáles eran los anhelos más profundos que te atraían hacia alguna aspiración o visión de futuro?

2. Maná: Cuando emprendiste un nuevo camino en la vida, ¿qué te dijo que ibas en la dirección correcta? ¿Qué te alimentó y te hizo seguir adelante cuando tu destino no podía conocerse?

3. Correcciones de rumbo: ¿Qué correcciones has tenido que hacer en el camino y cómo has evolucionado y cambiado tu visión del futuro con el paso del tiempo? ¿Alguna vez imaginaste que resultaría como resultó?

4. El camino: ¿Qué fue lo que hizo que la forma en que forjaste tu futuro expandiera tu alma y te ayudó a convertirte en la persona que eres hoy?

SABIDURÍA DEL PASADO APLICADA AL PRESENTE

Después de haber reflexionado sobre una experiencia personal pasada de transformación, recoge las percepciones y los aprendizajes y aplícalos al presente. Si tu comunidad está actualmente comprometida en el trabajo de transformación, responde a las mismas preguntas de reflexión desde la perspectiva de la comunidad en general. Si actualmente estás atravesando tu propia transformación personal, responde a las mismas preguntas de reflexión aplicadas a ti hoy.

Reflexiones y ejercicios en tu diario

1. ¿Cuáles son tus anhelos más profundos y tus mayores aspiraciones para el futuro de tu comunidad?

2. ¿Qué señales te indican que tu comunidad avanza en la dirección correcta?

3. ¿Qué cambio de rumbo podría necesitar tu comunidad en este momento?

4. ¿Qué ayudará a que el alma de tu comunidad vuelva a ser nueva?

Transformación personal

1. ¿Cuáles son tus anhelos más profundos y tus mayores aspiraciones para tu propio futuro?

2. ¿Cuáles son las señales que te indican que estás avanzando en la dirección correcta?

3. ¿Qué cambio de rumbo necesitas hacer ahora en tu propio camino?

4. ¿Qué te ayudará a expandir tu propia alma para que vuelva a ser nueva?

PARTE V:
UN REPASO SOBRE
TU VIDA

En algún momento, cuando el río esté helado, pregúntame sobre los
errores que he cometido. Pregúntame si lo que he hecho es mi vida.
Otros han llegado en su lento camino a mi pensamiento, y algunos
han tratado de ayudar o de herir: pregúntame qué diferencia ha
hecho su más fuerte amor u odio. Escucharé lo que dices. Tú y yo
podemos voltear y mirar al río silencioso y esperar. Sabemos que la
corriente está ahí, oculta; y hay idas y venidas desde kilómetros de
distancia que mantienen la quietud exactamente ante nosotros. Lo
que dice el río, eso digo yo.
William Stafford, Pregúntame

ASUNTOS PENDIENTES DE NUESTRA VIDA

Cuando San Juan de la Cruz murió, el 14 de diciembre de 1591, repitió las palabras del salmista: "En tus manos, Señor, encomiendo mi espíritu". Había pasado por su propia noche oscura y estaba dispuesto a recibir a Dios de una manera nueva. Gran parte de su disposición procedía del confinamiento de su oscura y estrecha celda. Fue allí donde, a partir de su propia experiencia mística, escribió las primeras treinta y una estrofas de *El Cántico Espiritual*. En él, describía los urgentes anhelos de una amante en busca de su amado: "¿Dónde te has escondido, amado, y me has dejado gimiendo? Huiste como el ciervo, después de herirme; salí llamando, y te habías ido".

Escucha el dolor e imagina el pánico que sentía mientras escribía esas palabras. ¿Has sentido alguna vez en tu vida semejante tormento y pánico? Éste es el carburante que sacude el alma y nos impulsa a examinar nuestros propios recelos. Las pérdidas, los remordimientos y las heridas sin cicatrizar que llevamos dentro nos recuerdan dolorosamente lo inacabada que está nuestra alma. Estos aspectos irredentos de nuestra vida nos invitan al trabajo interno de transformación. Es la búsqueda desesperada del reencuentro, de la unión de nuestro Dios y nuestro verdadero yo, lo que nos impulsa a adentrarnos en los recovecos de nuestra alma. Sólo este dolor puede anular nuestra reticencia a abordar nuestras heridas no cicatrizadas que nos mantienen separados de Dios.

El trabajo interno para la transformación tiene mucho que ver con que atendamos las partes no sanadas de nuestra alma que nos separan de Dios y de las personas que amamos. Aquí se nos invita a trabajar con los "asuntos pendientes" que hemos acumulado y a limpiar el desorden que ensucia nuestra alma, embota nuestra pasión y oscurece cualquier visión que, de otro modo, podríamos tener para el futuro. La Parte V de esta guía te invita a centrarte en las heridas no cicatrizadas, los remordimientos no superados y los duelos que puedan residir en lo más profundo de tu corazón. Es una invitación a revisar tu vida en estas áreas y luego a reponer la abundancia y la gratitud no reclamadas en tu vida.

Estas áreas no son los asuntos pendientes de todo el mundo. Pero puede darte luz para comenzar la revisión de tu propia vida. Una vez que empieces a trabajar en las áreas del duelo, el perdón, el arrepentimiento, la abundancia y la gratitud, es posible que desees abordar otros aspectos de los asuntos pendientes.

Reflexión 11:
El duelo

Y tarde o temprano, con más o menos dolor, todos debemos llegar a saber que la pérdida es, en efecto, una condición humana que dura toda la vida.

Judith Viorst, *Pérdidas necesarias*

Una labor de desprendimiento

Las etapas del crecimiento y el desarrollo humanos han sido descritas por Confucio, Shakespeare, Erikson y muchos otros. Los periodos de estabilidad en los que consolidamos nuestra identidad, visión del mundo y circunstancias vitales se ven invariablemente interrumpidos por periodos de transición en los que se cuestionan nuestros acuerdos previos. Desprendernos de las medidas de éxito, marcadores de identidad y apegos que importaban, forma parte del trabajo interno necesario para que se produzca la transformación y el crecimiento.

El duelo es la labor de desprenderse para dar lugar a lo "nuevo". El duelo es también una fuente de sabiduría y un catalizador para la maduración. Toda tradición de fe sabe que al renunciar a lo que nos dio forma antes comienza la búsqueda espiritual de lo que es "mejor" para la vida. El duelo es el trabajo interno para la transformación que abre la puerta a mucho más.

Nadie puede negar que cuanto más vivimos y más años acumulamos, más pérdidas sufrimos por el camino. Lloraremos la pérdida de aquellas personas a quienes amamos en el camino, pero también debemos llorar la pérdida de identidad a medida que crecemos: primeras definiciones de uno mismo, roles, títulos, aspiraciones y habilidades, creencias profundas y apegos de todo tipo y, finalmente, nuestras capacidades físicas y mentales. Perderemos la salud, nuestro hogar y nuestros refugios. Perdemos el empleo y, con él, nuestro estatus y propósito. La primera mitad de la vida parece estar marcada por la acumulación, el logro y la producción, mientras que la segunda mitad consiste en desprenderse, desmantelar y rendirse. Cuanto más capaces seamos de llorar, más vida podremos seguir asimilando, más podremos amar y más grande se hará nuestra alma.

Los trabajadores de los hospicios nos dicen que quienes están más en paz durante el proceso de la muerte son aquellos que han hecho su trabajo interno de duelo por las pérdidas de la vida a lo largo del camino. Shakespeare estaría de acuerdo en que no llorar es peligroso para la salud: "Dad palabra al dolor. El dolor que no habla, gime en el corazón hasta que lo rompe". Pero no hace falta ser poeta ni trabajador de hospicio para saber que el duelo es desordenado cuando se retrasa o se niega para evitar el dolor.

Cuando nuestra realidad pasada empieza a derrumbarse y estamos a punto de perder una afición querida, un ministerio satisfactorio o a alguien a quien queríamos, a veces asaltamos esta pérdida negándonos a adaptarnos. Nos convertimos en resistentes al cambio en lugar de agentes del cambio, nos atrincheramos en nuestros pies y desafiamos la realidad distrayéndonos con ocupaciones. Cuando no hacemos el duelo de las pérdidas necesarias en la vida, somatizamos y nos enfermamos, nos aferramos y nos encerramos en nosotros mismos, o tal vez anestesiamos nuestro dolor con adicciones. Nos volvemos afectivamente embotados y emocionalmente atrofiados.

Sin embargo, si nos lamentamos de verdad, si lloramos las pérdidas de la vida cuando nos encontramos con ellas, entonces, al otro lado de éstas, está la liberación. El duelo es el trabajo interno de transformar el dolor de la pérdida en la posibilidad de una nueva vida. Es una energía vital que engendra sabiduría, empatía y compasión, un catalizador para la evolución del alma.

MEDITACIONES

E. M. Forster

Debemos estar dispuestos a renunciar a la vida que hemos planeado, para tener la vida que nos espera.

Mateo 5:4

Bienaventurados los que lloran, porque ellos serán consolados.

Salmo 46:1-2

Dios es nuestro refugio y fortaleza, una ayuda siempre presente en los problemas. Por eso no temeremos, aunque la tierra ceda y los montes caigan en el corazón del mar.

Kelly Ann Hall, Suficiente de ti

Bendícenos, oh, Dios, con lo suficiente de Ti para sacarnos del escondite desvestidos de falsedades, delgados como hojas, y desnudos para que nuestra alma se conozca. Incluso cuando los nervios se desenvuelven y las ansiedades se desatan, incluso con nuestro deseo instintivo de cubrirnos, de buscar una forma de escapar de la exposición y de engañar a nuestra muerte segura, salimos a Ti no porque sea fácil... porque esconderse es inútil. Nada pasa inadvertido, nada pasa inadvertido; no hay nada que exista fuera de Tu visión. Por lo tanto, nos ponemos a tu disposición para ser vulnerables, transparentes, para aprender, rediseñarnos y rectificarnos. En la medida de nuestras posibilidades, Dios, nos presentamos ante Ti, esperando que nos aceptes tal como somos.

REFLEXIONES Y EJERCICIOS EN TU DIARIO

Aunque Kübler Ross describió cinco fases universales del duelo (negación, ira, negociación, depresión y aceptación), el trabajo interno del duelo de cada persona es único. Estas etapas se traslapan y entremezclan fácilmente entre sí. Por lo tanto, la forma de llorar las pérdidas debe ser un camino que traza cada persona. A continuación, te ofrecemos algunas sugerencias sobre las que puedes construir y dar forma a tu propio camino hacia el duelo.

Nombra y reclama las pérdidas

Anota dos o tres pérdidas que hayas experimentado en el pasado o que estés afrontando ahora. Anota las que aún no has llorado del todo, las que te impiden tener vida plena, las que están apagando tu pasión o entumeciendo tu alma. Nombra y reclama estas pérdidas para ti y elige una que desees abordar ahora.

Escribe una carta

Si se trata de una persona a la que perdiste o corres el riesgo de perder ahora, tal vez puedas escribirle una carta. Describe lo que significó para ti, las luchas en su relación, cómo enriqueció tu vida y cómo has crecido (o esperas crecer) a raíz de ello. Ofrece o pide perdón. Haz promesas sobre cómo piensas vivir en el futuro. Comparte cómo habría sido tu vida en el futuro si esta persona hubiera formado parte de ella y cómo será sin ella. Comparte todo lo que tengas en el corazón. Grita tu rabia, lamenta tu tristeza y expresa tu culpabilidad o cualquier emoción que surja.

Puedes ir un paso más lejos y compartir esta carta directamente con esta persona si está disponible y es receptiva. Si ya no está, quizá quieras compartir esta carta con alguien que creas que puede ser testigo y apoyarte en tu duelo. Otra posibilidad es escribir una carta dirigida a otra persona que sepas que se preocupa mucho por ti, alguien que pueda empatizar con tu pérdida y comprender tu dolor (Jesús, tu madre, tu padre o a una amistad íntima). Comparte la carta con estas personas, o con un testigo, y pídeles su apoyo.

Transforma los mensajes de desaliento en mensajes que te faculten

Una pérdida profunda nunca se llorará hasta el punto de borrar todo el dolor. Habrá recordatorios que siempre volverán a despertar parte de la pena. Sin embargo, el dolor que queda puede ser una fuente que te desaliente o te faculte. Puede formar parte de tu vitalidad emocional y ayudarte a empatizar con el dolor ajeno o puede ser una fuente de desesperanza, desesperación y una barrera para la intimidad. Escribe un diario sobre cómo tu pérdida ha fortalecido y debilitado tu espíritu. Reescribe los mensajes de desaliento y conviértelos en mensajes que te faculten.

Ritualiza el desprendimiento

A veces, ya casi estamos listas para desprendernos, pero necesitamos hacer algo más allá de las palabras para ayudarnos a darle la vuelta. Los rituales pueden hacer lo que las palabras no al ayudarnos a cruzar un umbral. Crea tu propio ritual para eso. Por ejemplo, busca un objeto que represente simbólicamente a la persona, posesión, actitud o creencia que deseas liberar más plenamente y lo que deseas llevarte contigo a medida que avanzas. Tal vez desees enterrar, quemar o regalar el objeto simbólico del que necesitas desprenderte mientras bendices y encuentras un lugar especial para el objeto del que te desprenderás. Guarda estos objetos en un lugar especial unos días antes al ritual para aumentar la conciencia de tu alma. Utiliza la oración y algunos símbolos para señalar la transición y personas importantes que serán testigos para apoyarte en tu travesía.

Reflexión 12:
El perdón

No hay futuro sin perdón.
Desmond Tutu

Una labor de amor

La sabiduría convencional nos dice: "El tiempo cura todas las heridas". Pero la experiencia nos dice que las heridas pueden supurar con la misma facilidad y que el corazón puede endurecerse con el paso del tiempo. El tiempo en sí no es el agente transformador, lo es el perdón. El tiempo simplemente brinda la oportunidad de sanar, pero nosotros elegimos si queremos supurar o perdonar. Aunque el paso del tiempo se acelera con la edad, mientras tengamos vida aún hay tiempo para el perdón. Es una cuestión de elección.

Mitos sobre el perdón

1. El perdón no excusa ni absuelve al transgresor de las consecuencias de sus actos, sino que las asume directamente.

2. El perdón no exige que reanudemos la relación, aunque puede abrir la puerta a esa posibilidad.

3. El perdón no es un acontecimiento; es un proceso.

4. El perdón no cambia el pasado ni significa que lo olvidemos, sino que puede evitar que nos quedemos anclados en él y nos ayuda a abrirnos al futuro.

5. Perdonar no significa renunciar a nuestro derecho a sentirnos heridos o enfadados, sino que invita a expresar y liberar los sentimientos dolorosos, lo que nos ayuda a desprendernos de ellos.

El perdón es una labor de amor

El perdón es una labor de amor que, con el tiempo, nos libera del dolor de las heridas no sanadas: amargura, rencor, resentimiento, dolor, tristeza, culpa o vergüenza. Es una labor de amor que implica recuperar nuestro poder y tomar decisiones para poner fin a nuestro victimismo. Nos capacita para perdonar al agresor y sanar. Es lo que nos libera de estar atorados en el pasado y sumidos en una mezcla tóxica de emociones. El perdón es otra puerta al crecimiento y nos devuelve el control que tenemos sobre nuestra propia felicidad.

El perdón requiere valor, disciplina y persistencia en el tiempo. Es una elección cuesta arriba, cuando las tentaciones de la evasión, la negación y la culpa son mucho más fáciles. Es una elección para abrir las emociones dolorosas, en lugar de ponerlas bajo la alfombra de nuestra conciencia. El perdón es una labor de amor propio que alimenta nuestro crecimiento personal y la maduración del alma.

El perdón auténtico es una labor de amor para reconciliar las relaciones. Es una elección plantear conversaciones difíciles y arriesgarse a resultados desconocidos, sabiendo que el silencio sería mucho más fácil pero, en última instancia, más hiriente. Es elegir hacer algo más que simplemente decir "lo siento". La labor del perdón es una conversación que busca la comprensión empática. Es un diálogo que da cabida al derramamiento y la recepción de la angustia. Es la presencia entre dos personas decididas a sanar lo que derrite el corazón y convierte la amargura, la ira y la vergüenza en compasión.

Las disculpas, si no van acompañadas de este tipo de conversaciones laboriosas y valientes, no son más que palabras vacías. Las disculpas prematuras abortan el auténtico perdón, al que sólo se puede llegar a través del diálogo. Con demasiada frecuencia, decir "lo siento" es simplemente una forma de salir del paso y poner fin a una conversación que, de otro modo, resultaría incómoda. El "lo siento", si se dice demasiado rápido, se convierte en un freno a la conversación, en lugar de una rama de olivo que se extiende una vez que se han intercambiado todos los niveles de empatía y compasión mutuas.

MEDITACIONES

Nelson Mandela

Mientras salía por la puerta hacia el portal que me llevaría a la libertad, sabía que, si no dejaba atrás mi amargura y mi odio, seguiría en prisión.

Lucas 6:37

No juzguéis, y no seréis juzgados; no condenéis, y no seréis condenados; perdonad, y seréis perdonados.

Proverbios 25:21

Si tu enemigo tiene hambre, dale de comer pan, y si tiene sed, dale de beber agua.

Desmond Tutu y Mpho Tutu, El libro del perdón

Tú has estado ya en esta encrucijada
y volverás a estar en ella otra vez;
si haces una pausa, podrás preguntarte
qué camino seguir.
Puedes huir de tu tristeza
y correr la carrera llamada venganza.
Andarás una y otra vez en ese gastado camino,
o podrás admitir tu dolor
y seguir el camino que le pondrá fin.
En esta dirección reside la libertad, amigo mío, amiga mía.
Yo puedo mostrarte dónde han hecho hogar la redención y la esperanza,
pero no puedes dejar de lado tu angustia en el camino.
Para encontrar el camino de la paz
tendrás que enfrentar tu dolor

y decir su nombre.

Richard Rho, Sólo esto

La gracia es la llave secreta e inmerecida por la que Dios, el Cerrajero Divino, te libera de las prisiones que tú construyes y de tu mentalidad de medalla al mérito. Se manifiesta como una actitud de perdón radical, sobre la realidad en general, y luego el perdón por cada cosa individual que no fue perfecta. Esto cambiará tanto tu forma de ver la política como tu psicología. Sin la gracia y el perdón, todo lo humano se convierte en pequeñez, dolor, victimismo y culpa. Cuando dejas de sopesar y comparar, te encuentras finalmente en el océano infinito de la gracia de Dios. Dios no es muy bueno en matemáticas y ni siquiera sabe contar.

REFLEXIONES Y EJERCICIOS EN TU DIARIO

Perdona a alguien que te ha herido

Prepara tu corazón y no tu historia. Perdonar a alguien que te ha herido implica hacer tu propio trabajo interno para preparar tu corazón para el perdón, no preparar tus argumentos para defender tu historia en su contra. Preparar el corazón significa examinar tu propia contribución a la dificultad e imaginar cómo sería si estuvieras en el lugar de la otra persona. Prepara tu corazón disponiéndote a afrontar sus heridas y a expresar tu pesar. Significa prepararte para decir tus duras verdades y escuchar las suyas. Preparar el corazón significa adquirir la disciplina necesaria para sentarse a escuchar el tiempo suficiente para dar una oportunidad a la sanación.

Recuerda lo sucedido y reivindica cómo te sentiste al respecto. Reflexionar, escribir en un diario o compartir con un o una confidente lo sucedido y revivir el impacto emocional de los acontecimientos y las palabras pronunciadas en la experiencia que hirió. Deja que las emociones afloren sin censura. Luego invita a la conversación a la persona que te hirió. Si tú y la otra persona lo desean, pide que alguien neutral y capacitado facilite la conversación.

Perdona a alguien que no puede perdonarte a ti

Lo que quizá sea más difícil que una conversación cara a cara es perdonar a otro que no puede perdonarte a ti. Tal vez desees reconciliarte, pero la otra persona se niega a hablar contigo o ya falleció o se mudó a otro lado. Si una conversación es imposible, o la otra persona no está dispuesta a reconciliarse, te deja a ti la carga. El hecho de que alguien se niegue a hablar contigo, ya sea como castigo o no, puede reforzar tu vergüenza, amargura o miedos. Sin embargo, no debería dejarte en estancamiento. Aún puedes llegar al perdón, enmendarte y encontrar la paz en tu propio corazón.

Escribe en tu diario dejando que tus pensamientos y emociones se viertan sobre la página. Purga los pensamientos y sentimientos que te vengan a la mente sin censurarlos. No te guardes nada. Después, guárdalo y déjalo reposar unos días. Ahora escribe una carta más disciplinada a la otra persona expresando tus pensamientos y emociones respecto a las heridas que se han producido. Esta vez, ten cuidado, abstente de juzgar, culpar o asumir que sabes lo que sienten o cuáles son sus motivaciones. Muestra honestidad, equilibrando tu experiencia con lo que imaginas que podría haber sido la de la otra persona. El objetivo es hacer un recuento honesto y justo, asumiendo la responsabilidad de tu parte en el asunto, asumiendo tus sentimientos sobre lo sucedido y ofreciendo perdón por cualquier cosa que haya dicho o hecho que te haya causado dolor.

Puedes o no enviar esta carta si se niega a hablar contigo. A menos que pienses que es muy probable que eso le anime a querer hablar contigo, es mejor pecar de precaución. Las cartas por sí solas no traerán la sanación, pero podrían llevar a la conversación. Habla con un confidente y discierne los pros y los contras de esta opción. ¿Causaría más perjuicios que beneficios para la persona o para ti? Si la otra persona ha fallecido, puedes compartir tu carta con un confidente o amigo de confianza.

Perdónate por haber herido a alguien

Perdonarse por haber hecho daño a alguien suele ser más difícil que perdonar a esa persona por haberte hecho daño a ti. Escríbete una carta en la que describas lo sucedido, asumas tu responsabilidad, te perdones y te comprometas a enmendarlo, a aprender y a crecer a partir de la experiencia. También puedes escribirte una carta utilizando la voz y la perspectiva de la otra persona que te perdona. Ponte en su lugar e imagina lo que te diría si se reconciliara contigo. También puedes escribirte una carta como si te la escribiera alguien que te quiere (Jesús, un mentor espiritual, un padre, un amigo cariñoso). Perdonarse requiere el mismo tipo de compasión que naturalmente damos a las personas que amamos. ¿Qué te diría alguien que te quiere de verdad sobre el dolor que sientes?

Enmienda, ritualiza y despréndete

Enmendar las cosas puede ayudar a liberar el dolor, aunque no pueda hacerse directamente con la persona implicada en el conflicto. Hazlo llegar a otras personas que puedan encontrarse en circunstancias similares. Otra posibilidad es crear un ritual en torno a la carta que escribiste. Sitúa el ritual en el contexto de la oración, incluye un testigo que te apoye y comparte tu carta. Entierra o quema la carta como un compromiso de desprendimiento.

REFLEXIÓN 13:
LOS REMORDIMIENTOS

Cuando te das permiso para comunicar lo que te importa en cada situación, tendrás paz a pesar del rechazo o la desaprobación. Poner voz a tu alma te ayuda a soltar la energía negativa del miedo y el arrepentimiento.
Shannon L. Alder

CALMAR NUESTROS REMORDIMIENTOS: EL HUBIERA NO EXISTE

El poder del trabajo interno para la transformación nos desafía a transformar los remordimientos en verdaderas lecciones de vida, en lugar de mensajes que nos recuerdan nuestras fallas. Rumiar los remordimientos del pasado puede sonar a "hubiera, pude haber, debí haber": "Ojalá *hubiera* tenido el valor de vivir mi vida fiel a mí mismo, no la vida que los demás esperaban de mí"; u "Ojalá *hubiera podido* seguir en contacto con amigos y familiares"; o "*Debí haber* tenido el valor de expresar mis sentimientos, sin miedo al rechazo o sentirme impopular". Los remordimientos nos persiguen y nos siguen por la calle como latas de conserva atadas a la espalda. Los remordimientos nos acosan y nos hunden.

Los remordimientos centran nuestra atención en el pasado, agotan nuestra energía para vivir el momento presente y disminuyen nuestra esperanza en el futuro: "Ojalá hubiera perdonado a alguien cuando tuve la oportunidad. Ojalá hubiera dicho a las personas que más quería lo importantes que eran para mí. Ojalá hubiera tenido más confianza en mí misma y hubiera intentado más cosas en la vida, en lugar de tener tanto miedo de parecer una tonta. Ojalá hubiera hecho más para influir en este mundo". ¡Basta ya!

Por supuesto, es útil echar la vista atrás y asumir plenamente lo que hemos sido, pero no para acumular una larga lista de remordimientos. Cuando miramos atrás y vemos lo que podríamos haber hecho, lo que deberíamos haber hecho o lo que habríamos hecho de otra manera si lo hubiéramos sabido, podemos recoger las lecciones de nuestra vida. Las respuestas y percepciones de estas lecciones de vida pueden decirnos quiénes somos realmente e instruirnos sobre quiénes podemos llegar a ser en el futuro. En lugar de mirar atrás y lamentar las decisiones que tomaste y que desearías no haber tomado, deja que estas lecciones de vida te digan en quién te estás convirtiendo, en quién Dios te está llamando a convertirte.

El beneficio de repasar tu vida es la oportunidad de dar forma a una narrativa diferente y más empoderadora para el futuro, basada en lo que ahora sabes de la vida que has vivido. El trabajo interno para la transformación te invita a convertir los remordimientos en verdaderas lecciones de vida, que además te ofrecen pistas sobre tus aspiraciones futuras. Deja que tus remordimientos se conviertan en nuevos compromisos sobre cómo quieres vivir tu vida en los años que te quedan.

No estoy sugiriendo que puedas vivir tu vida sin remordimientos porque forman parte de la condición humana. Sin embargo, los remordimientos pueden convertirse en toxinas que carcomen nuestra alma o en fuentes de sabiduría que la maduran. Los remordimientos pueden reforzar nuestras insuficiencias y nuestra naturaleza defectuosa o pueden ser maestros que señalan el camino hacia una nueva forma de ser. La elección es tuya.

MEDITACIONES

Joan Chittister, El don de los años

La carga del arrepentimiento es que, a menos que lleguemos a comprender el valor de las decisiones que tomamos en el pasado, es posible que no veamos los dones que nos han aportado. La bendición del arrepentimiento es clara: nos lleva, si estamos dispuestos a afrontarlo, a estar presentes en esta nueva etapa de la vida de una forma totalmente nueva. Nos impulsa a seguir convirtiéndonos.

Victoria Holt

Nunca te arrepientas. Si salió bien, es maravilloso. Si salió mal, es experiencia.

Job 3:3, 11

Perezca el día en que nací, y la noche que dijo: 'Un hombre ha sido concebido'. ¿Por qué no morí al nacer, salí del vientre y expiré?

Brian Rathbone

La sabiduría es la recompensa por sobrevivir a nuestra propia estupidez.

Mateo 26:75

Y Pedro se acordó de la palabra que Jesús había dicho: 'Antes que cante el gallo, me negarás tres veces.' Y saliendo, lloró amargamente.

Fabiana Fondevila, Agradecida por las lecciones de arrepentimiento

¿Cómo damos cabida a nuestras horas menos agraciadas, a los momentos que desearíamos poder reescribir, a las sutiles evasivas, a las incoherencias? ¿Somos capaces de apreciar nuestros esfuerzos, de perdonar nuestro valor imperfecto, de reconocer el corazón adolorido que se interpuso en nuestro camino? Aspiramos a ser buenas personas y no siempre damos en el blanco. Sin embargo, hay una extraña belleza en nuestros esfuerzos. Luchamos. Fallamos. Miramos hacia atrás, hacia nuestros actos. Nos lo replanteamos. Lo lamentamos. Aprendemos.

Y si tenemos suerte, esto hace que la rueda gire hacia delante en una dirección ligeramente desplazada. Nosotras, criaturas imperfectas, somos también las que podemos crecer y cambiar y, a veces, enmendarnos. Es parte integrante de lo que somos. Y la verdad es que, si no hacemos las paces con nuestra vulnerabilidad y nuestras cualidades menos entrañables, corremos el riesgo de llevar una vida en la sombra, que equivale a una vida superficial, una vida no habitada plenamente. Al hacerlo, desechamos el terreno desde el que podemos ascender a mayores alturas, paso a paso.

REFLEXIONES Y EJERCICIOS EN TU DIARIO

El trabajo interno de transformar los remordimientos en lecciones de vida empieza por hacer la lista y revisarla dos veces. Elabora tu lista de los remordimientos que te atormentan. Anota todos los que puedas, grandes o pequeños, sin censurarlos ni analizarlos.

Ahora ve tu lista y tacha los que menos te atraigan hasta que sólo te quedentres. Ahora examina la lista de remordimientos una vez más y tacha dos más, dejando el que tenga más poder sobre ti. Tu trabajo está con el único remordimiento que queda en tu lista. Cuando hayas resuelto éste, siempre puedes volver a tu lista y rehacer otro.

Revisa y vuelve a comprometerte

1. Lecciones aprendidas. ¿Qué dice este remordimiento sobre lo que te impidió tomar una mejor decisión en su momento? ¿Siguen formando parte de ti esas mismas inhibiciones o barreras? Nómbralas por escrito. ¿Qué podrías hacer al respecto? Comprométete personalmente durante el próximo año a aplicar estas lecciones tomando nuevas decisiones: *"Este año yo..."*

2. Oportunidades de crecimiento. ¿Qué dice este arrepentimiento sobre quién te hubiera gustado ser y, por tanto, sobre quién preferirías ser en el futuro? ¿Qué elecciones puedes hacer ahora en tu vida que estén más alineadas con cómo quieres ser o cómo sientes el llamado a ser? Comprométete personalmente durante

el próximo año a aplicar estas lecciones para tomar nuevas decisiones: *"Este año yo..."*

3. Trabaja en la sombra. Explora esas partes de ti que has escondido y necesitas recuperar. ¿Cuál es el lado sombrío de tu alma que deseas redimir y fortalecer para llegar a sentir más amor y ver más plenamente tu verdadero yo? ¿Qué podrías necesitar para trabajar con esas partes de ti que están en la sombra? ¿Quién podría ayudarte con este trabajo interno? Comprométete a realizar esta labor durante el próximo año: *"Este año yo..."*

Reflexión 14:
La abundancia

*Se sentaron en grupos de ciento en ciento y de cincuenta en
cincuenta. Tomó los cinco panes y los dos peces y, mirando al cielo,
bendijo la comida, partió los panes y los siguió dando a los discípulos
para que los pusieran delante; y repartió los dos peces entre todos.
Todos comieron y quedaron satisfechos.*
Marcos 6:41

De la escasez a la abundancia

Más a menudo de lo que me gustaría admitir, siento que lo que soy no
es suficiente. "No tengo la suficiente bondad" es un estribillo demasiado
frecuente en mi vida. A veces, me encuentro comprando y acumulando cosas
por una vaga noción de que lo que tengo "no es suficiente". ¿De dónde procede
esta sensación de inadecuación y de autoprivación? Para la mayoría, tengo
una buena familia, buena salud y una carrera importante. Tuve la suerte de
nacer en un gran país y espero vivir más que la mayoría de las personas de
otros países. Sin embargo, con demasiada frecuencia, vivo desde una postura
de escasez, en lugar de abundancia.

El trabajo interno para la transformación significa cambiar tu mentalidad de
escasez a abundancia. Este trabajo interno requiere que cambies esos mensajes

mundanos interiorizados que significan que "no eres lo bastante bueno" a mensajes que reflejen tu verdadero yo, "hecho a imagen de Dios" (Génesis 1:27). Significa transformar la escasez en abundancia, centrándose más en lo que se tiene que en lo que falta, y llamándolo "suficiente". Es más que suficiente. Es todo lo que necesitas. Es don y es bendición.

"Y Dios es poderoso para daros en abundancia toda bendición, a fin de que, teniendo siempre de todo en abundancia, participes abundantemente en toda buena obra" (2 Corintios 9:8). La economía de Dios es una economía de dones basada en la gracia y el amor inmerecidos, gratuitos y duraderos. No es una economía de mercancías basada en la escasez y la competencia. El trabajo interno para la transformación te invita a considerar la elección sobre qué "economía" vas a emprender en tu vida.

Estás hecho a imagen de Dios y tienes abundancia. ¿Te lo crees? Acepta la mano que te ha tocado. Reclámalo como tuyo. Celebra lo que tienes, lo bueno de la vida, y reclámalo como tuyo. Hoy es un regalo. Tu vida, este día, es un regalo para tu disfrute. Pensar de esta manera trae la única respuesta posible: gratitud por la abundancia. Pasa este día como si fuera el último. Abre tu corazón a las bendiciones de la vida y deja que fluyan a través de ti hacia el mundo. Que todas las personas que te encuentres hoy reciban la bendición de tu presencia y que tu gratitud se derrame por el mundo.

MEDITACIONES

Derrick Carpenter, Encrucijada

Llegué a una encrucijada donde sólo busqué refugio durante un breve tiempo. Pero cuando dejé mi saco y me quité los zapatos, me di cuenta de que esta encrucijada no se parecía a ninguna otra que hubiera encontrado. El aire de este lugar desprendía una calidez acogedora y una vitalidad lo impregnaba todo. Al presentarme a las personas que viajaban aquí, no sentí vacilación ni desaliento, sino sinceridad y optimismo. En sus ojos vi algo que no podía nombrar pero que se parecía mucho a mi hogar. En este lugar, en compañía, compartimos y nos alentamos, y nos regocijamos en la abundancia de la vida…

Lucas 9:16

Luego tomó los cinco panes y los dos peces y, mirando al cielo, los bendijo, los partió y los siguió dando a los discípulos para que los pusieran delante de la gente.

Salmo 36-7-9

¡Cuán precioso es, oh Dios, tu amor inquebrantable! Todos los pueblos pueden refugiarse a la sombra de tus alas. Ellos festejan la abundancia de tu casa, y tú les das de beber del río de tus delicias. Porque contigo está la fuente de la vida; en tu luz vemos la luz.

Rumi

¿Por qué estás tan encantada con este mundo, cuando hay una mina de oro dentro de ti?

2 Corintios 9:8

Dios puede hacer que toda gracia os sea abundante, a fin de que, en todo, teniendo siempre todo lo necesario, os sobre para toda buena obra.

Walter Burghardt

La contemplación es una mirada larga y amorosa a lo real.

Hermano David Steindl-Rast

Ver vídeo: "Un día de agradecimiento" (https://www.youtube.com/watch?v=zSt7k_q_qRU)

REFLEXIONES Y EJERCICIOS EN TU DIARIO

1. El supuesto de la escasez

   Gandhi dijo: "Vive sencillamente para que otras personas puedan sencillamente vivir". Parker Palmer, añade a este dicho: "Nuestra alma y la vida de los demás penden de un hilo". Si la mayoría de las veces vives desde la suposición de la escasez, ¿qué podrías ver y cambiar para vivir más plenamente desde la suposición de la abundancia?

2. Tomar y soltar

Y les dijo: "¡Cuidado! Guardaos de toda avaricia, porque la vida no consiste en la abundancia de bienes" (Lc 12,15). La abundancia no viene de poseer, sino de compartir lo que parece escaso en nuestra vida. Aferrarse a más trae menos, mientras que soltar trae más. ¿De qué manera te aferras a más de lo que te corresponde o compartes lo que parece escaso en tu vida? ¿Qué te ayudaría a ver el día de hoy, tu vida, como una bendición?

Reflexión 15:
La gratitud

¿De qué le sirve a alguien ganar el mundo entero y perder su alma?
Marcos 8:36

Da gracias a Dios

Mientras Beth y yo velábamos las últimas horas de su hermana, abrimos su Biblia en busca de consuelo. Encontramos garabateada en un trozo de papel la propia oración de Norma: *"¿Hay algo a lo que me aferraría, en lugar de dejar que Dios lo use, para la construcción del Reino de Dios, o para mayor honor y gloria de Dios? ¿Mi propia voluntad? ¿Autodeterminación? ¿Mi derecho a elegir?"* No eran las palabras de una mujer moribunda de cáncer que intentaba regatear para conseguir más tiempo. Éstas fueron las palabras de una mujer que vivió toda su vida con gratitud. Era una mujer cuya fe empezaba y terminaba con gratitud, una gratitud sencilla y llena de gracia.

Contrasta Norma con nuestro vecino, Tom, que vivía cruzando la calle. Tom había inventado una trampa de grasa y ganó millones. Me avergüenza admitirlo, pero a veces siento envidia de la gente que, como Tom, parece tenerlo todo en bandeja de plata. Parecía despreocupado y, según todas las medidas mundanas del éxito, a los 32 años ya había "triunfado". A los 35 años, se había emborrachado hasta morir. Su vida se había consumido con los bienes materiales que había acumulado y los que aún perseguía. Lo tenía todo pero había perdido su alma. Al final de su vida fue un malagradecido, un indigente emocional y un empobrecido espiritual.

La historia de Tom parece validar lo que dijo Jesús, que es más difícil para los ricos entrar en el reino de los cielos que para un camello pasar por el ojo de una aguja (Marcos 10:25). No creo que sea porque Dios ama más a una persona pobre que a una rica. Pero tiene sentido que los pobres estén más predispuestos al amor de Dios. No han sido adoctrinados en el estado antinatural de la ingratitud ni apartados del amor genuino por sus sustitutos materiales. Literalmente, no pueden permitirse consumirse por cosas materiales.

El estadounidense medio ve 5 horas de televisión al día, de las cuales el 25% son anuncios. A lo largo de nuestra vida, podemos esperar pasar 3 años enteros viendo publicidad. Nos adoctrinan para que creamos que no tenemos suficiente. El sistema depende de ello. Estamos condicionados a un estado de ingratitud por lo que poseemos o de vergüenza por lo que hemos llegado a ser. No es natural. No empezamos así de niños. No teníamos esa sensación crónica de insatisfacción o envidia al compararnos con lo que tienen los demás.

Estamos tan cautivos como aquellos a quienes Jeremías habló: "Esto es lo que dice el Señor: ¿Qué falta encontraron en mí vuestros antepasados, que se alejaron tanto de mí? Siguieron a ídolos sin valor y en algo sin valor se convirtieron" (Jeremías. 2:5).. La gratitud es sencilla y natural. Sólo tenemos que fijarnos en lo que tenemos y no en lo que no tenemos. Sólo tenemos que mirar quiénes somos, en lugar de quiénes no somos. Sólo tenemos que reconocer que, por la gracia de Dios, hemos recibido el don de la vida. El poder del trabajo interno para la transformación te invita a explorar tus pilares de gratitud y los falsos ídolos que potencialmente te mantienen en cautiverio.

MEDITACIONES

Mary Jo Leddy, Gratitud radical

La gratitud radical comienza cuando dejamos de dar la vida por sentada. Surge del asombro ante el milagro de la creación y de nuestra propia creación… En la gratitud, se rompe el círculo vicioso de la insatisfacción con la vida y empezamos

*de nuevo reconociendo lo que tenemos en lugar de lo que no tenemos, apreciando
lo que somos en lugar de darnos cuenta de lo que no somos. La gratitud es la base
de la fe en Dios como el Creador de todos los comienzos, grandes y pequeños.
Despierta la imaginación a otro modo de ser, a otro tipo de economía, la gran
economía de la gracia en la que cada persona tiene un valor y un valor infinitos.*

Hafiz

*Incluso después de todo este tiempo, el sol nunca le dice a la tierra: "Me lo debes".
Mira lo que pasa con un amor así. Ilumina todo el cielo.*

Salmo 118:24

Este es el día que ha hecho Yahveh; alegrémonos y regocijémonos en él.

1 Corintios 15:10

*Pero por la gracia de Dios soy lo que soy, y su gracia para conmigo no fue en
vano. Al contrario, trabajé más que ninguno de ellos, aunque no fui yo, sino la
gracia de Dios que está conmigo.*

Han C. Merrill, Salmos para orar: Una invitación a la plenitud

*Te doy gracias, oh Bendito, con todo mi corazón; ante todo el pueblo canto tu
alabanza; me sentí humilde cuando llegué a ver que habitas en mí, en el Templo
Santo de todas las almas; mi gratitud no tiene límites.*

REFLEXIONES Y EJERCICIOS EN TU DIARIO

1. ¿Qué te impide experimentar más gratitud en tu vida?

2. Aporta. Podemos sentir agradecimiento por lo que se nos ha
dado, pero dar también puede movernos a la gratitud. Uno de los
mejores antídotos contra el sentimiento de desagradecimiento
por lo que no tenemos es dar a alguien más necesitado. Regala
algo a alguien que lo necesite en los próximos días y reflexiona
sobre la experiencia. Aporta y verás lo que eso hace por ti.

3. Da las gracias. Tómate un tiempo para reflexionar sobre quién y qué te ha ayudado a convertirte en la persona que eres con todo lo que tienes en la vida. ¿Por quién y por qué sientes más agradecimiento en tu vida? Da las gracias cuando corresponda y encuentra la manera de expresar tu gratitud.

4. Expresa tu gratitud. Reflexiona sobre quién hay en tu vida que puedas estar dando por sentado. A veces esperas a que sea demasiado tarde para hacerles saber lo que significan para ti. Escribe a esa persona una carta expresándole tu gratitud y compártela con ella. O llévale un regalo sin más motivo que decir "gracias".

PARTE VI:
ESCRIBE UNA
NUEVA NARRATIVA

Sólo tienes que reclamar los acontecimientos de tu vida para que sean tuyos. Cuando verdaderamente posees todo lo que has sido y hecho... eres feroz con la realidad.
Florida Scott Maxwell

LAS HISTORIAS QUE CONFORMAN NUESTRA VIDA

Las historias tienen un inmenso poder para moldear nuestra identidad y nuestro destino. Naturalmente, damos sentido a los acontecimientos y experiencias de nuestra vida según cómo los filtramos, interpretamos y relacionamos. Mito o realidad, estos hilos de acontecimientos interpretados se entretejen en las historias que contamos a los demás y a nosotros mismos sobre nuestra vida. Con el tiempo, estas historias se autorrefuerzan, lo que suele denominarse "sesgo de confirmación". Filtramos los nuevos acontecimientos como validación de las historias que ya nos hemos formado, y filtramos los que no encajan. Nuestras narrativas moldean nuestros filtros y elecciones, forman nuestros valores, determinan cómo entendemos la vida, solidifican nuestra identidad y determinan nuestro destino.

Algunas de las narrativas que construimos sobre nuestra vida nos fortalecen y nos ayudan a crecer. Sacan lo mejor de lo que somos, construyen sobre la gracia y liberan nuestro espíritu. Otras narrativas nacidas de la vergüenza son falsas, obsoletas o carentes de poder. Nos impiden crecer, engendran una baja autoestima y socavan nuestras mejores intenciones. Se alimentan del arrepentimiento, la culpa y la vergüenza. Evocan sentimientos de indignidad, inadecuación y autocondena.

El trabajo interno de escribir una nueva narrativa nos llama a tomar conciencia de las historias que nos hemos contado y a volverlas a escribir de forma que se ajusten a la realidad, nos ofrezcan esperanza y engendren sentido y propósito. Este trabajo interno implica reforzar las narrativas que nos dan poder y replantear las que nos lo quitan. Es una oportunidad para mirar nuestra vida con ojos nuevos, con más sabiduría de la que teníamos cuando éramos más jóvenes.

Escribir una nueva narrativa es algo más que encontrar el lado bueno de las cosas o hacer limonada con los limones. Se trata más bien de escuchar la comprensión que el alma tiene del significado de nuestra experiencia y discernir cómo podemos utilizarla para facilitar el crecimiento. Se trata de tomar conciencia de las voces interiores que minan la energía, oscurecen nuestra visión y sabotean nuestros intentos de crecer. Es el trabajo profundo y espiritual de escuchar la historia profunda que llevamos dentro y que busca desarrollarse continuamente a lo largo de la vida.

Tu trabajo interno te invita a mirar tu vida a través de la lente de tu conciencia superior para facilitar el viaje de tu alma hacia el crecimiento.

Reflexión 16:
Nuevos comienzos

---

*¿Quién hizo el mundo? ¿Quién hizo el cisne y el oso negro? ¿Quién
hizo el saltamontes? Este saltamontes, quiero decir, el que se ha
lanzado fuera de la hierba, el que está comiendo azúcar de mi mano,
que está moviendo sus mandíbulas de un lado a otro en lugar de
arriba y abajo, que está mirando a su alrededor con sus enormes
y complicados ojos. Ahora levanta sus pálidas patas y se lava a
conciencia la cara. Ahora abre las alas y se aleja flotando. No sé
exactamente qué es una oración. Sí sé cómo prestar atención, cómo
caer en la hierba, cómo arrodillarme en la hierba, cómo estar ociosa
y bendecida, cómo pasear por los campos, que es lo que he estado
haciendo todo el día. Dime, ¿qué más debería haber hecho? ¿No
muere todo al final y demasiado pronto? Dime, ¿qué piensas hacer
con tu única, salvaje y preciosa vida?*
Mary Oliver, El día de verano

Dar a luz una nueva forma de ser: del legado a una nueva vida

En pocas palabras, un legado es cómo seremos recordados y la huella que
hemos dejado en nuestro mundo. Nuestro legado no termina con la jubilación

de nuestros años productivos. Ni siquiera termina cuando morimos. Vive en la vida de aquellos a los que hemos tocado durante nuestra existencia, mucho más allá de lo que podemos prever o conocer. ¿Qué harás con tu única, salvaje y preciosa vida? ¿Qué vas a hacer, sólo por amor, con el tiempo que te queda?

Hasta ahora, has hecho un gran trabajo interno para soltar y hacer sitio a una nueva vida. El poder del trabajo interno para la transformación también incluye el alumbramiento de una nueva vida para nuestro mundo, para tu comunidad y para tu propio futuro personal. Sin embargo, el futuro no está en un tiempo o lugar lejanos; el futuro está aquí y ahora. Ahora, ¿qué está surgiendo en tu corazón? ¿Cuáles son tus sueños y esperanzas? Deja que tu vida hable, escucha tus anhelos urgentes y fija tu mirada en el horizonte.

Howard Thurman, teólogo y líder de los derechos civiles, dijo una vez: "No preguntes qué necesita el mundo. Pregúntate qué te hace revivir y sal a hacerlo. Porque lo que el mundo necesita es gente que haya cobrado vida". Nuestra alma cobra vida en la intersección de los deseos de nuestro corazón y las necesidades de nuestro mundo herido. No es tan difícil descubrirlo como salir a hacerlo. Es el hacer lo que marca la diferencia.

En su libro *Active Hope*, Janna Macy y Chris Johnstone distinguen entre el tipo de esperanza que habla de nuestro futuro preferido y el tipo de esperanza que habla de nuestro deseo. El primero se refiere a la "esperanza" y el segundo a la "esperanza activa". Esto significa que ahora darás los pasos necesarios para que fructifique lo que amas y quieres que suceda. ¿Cuál esperas que sea tu futuro y cómo cooperarás con la gracia para que así sea?

MEDITACIONES

Richard Lewis, Vivir de maravilla

En nuestra época de saltamontes y salamandras, ¿quién de nosotros no se preguntó por qué el saltamontes podía saltar tan lejos, o por qué la salamandra tenía puntos negros en su cuerpo naranja? Pisoteábamos las hojas con los pies sólo para oír qué tipo de sonidos hacían las hojas. Lanzábamos piedras planas sobre la superficie de los arroyos para ver hasta dónde podían saltar las piedras. Escuchábamos el canto de los grillos en noches que no sabíamos lo que era la oscuridad. *Dormíamos, sólo para despertarnos, con la extraña sensación de cómo podíamos estar despiertos cuando sólo habíamos estado durmiendo.*

En aquella época, sabíamos todo lo necesario para preguntar lo que no sabíamos. Nuestra ignorancia no era sólo inocencia, sino la base desde la que nos ofrecíamos la sorpresa diaria de descubrir otra pregunta, otra forma de desvelar algo misterioso, algo que ayer no habíamos entendido. Vivíamos del asombro porque, al asombrarnos, éramos capaces de multiplicar una conciencia creciente de estar vivos.

Richard Rho, Cosas ocultas

Desde el punto de vista espiritual, no sirve de nada sacar conclusiones rápidas antes de que las personas hayan realizado un viaje interior. Siempre los malinterpretarán o harán un mal uso de ellas, y eso les apartará del asombro.

Lucas 13:18-19

Entonces Jesús preguntó: "¿Cómo es el Reino de Dios? ¿Con qué lo comparo? Es como una semilla de mostaza, que un hombre tomó y plantó en su jardín. Creció y se convirtió en un árbol, y los pájaros se posaron en sus ramas".

Lucas 17:20-21

Al preguntarle los fariseos cuándo vendría el reino de Dios, les respondió: "El reino de Dios no viene de manera que se pueda observar, ni dirán: "¡Mirad, aquí está!" o "¡Allí!", porque he aquí que el reino de Dios está en medio de vosotros".

Albert Camus

En pleno invierno descubrí que había, dentro de mí, un verano invencible.

Francis Thompson, El sabueso del cielo

¡Ay!, tú no sabes
¡Qué poco digno eres de cualquier amor!
¿En quién quieres encontrar tú el amor innoble?
Sálvame, ¿sálvame sólo a mí?
Todo lo que tomé de ti, lo tomé, pero

No para hacerte daño,
Pero lo pudiste haber buscado en mis brazos.
Todo lo que confundiste de niño
Imagínatelo como perdido, lo he guardado para ti en casa:
¡Levántate, toma mi mano y ven!

REFLEXIONES Y EJERCICIOS EN TU DIARIO

Vivir en el entretiempo

Vivir en el entretiempo, entre lo que fue y lo que será, es un reto para todas las personas. Fue un reto para San Juan de la Cruz, Oscar Romero y cualquiera que entra en la noche oscura del alma. Se trata de un tiempo liminal (noche oscura, desierto, yermo o cualquier otro nombre que se le dé), un tiempo de confusión, ambigüedad, tensión, luto, parto, nacimiento y todo el dolor y el éxtasis intrínsecos a la *experiencia* vivida de transformación. La mayoría de la gente, incapaz de soportar la tumultuosa experiencia de un tiempo intermedio, se precipitará a un cierre prematuro y, por tanto, abortará su potencial transformador.

1. Por muy larga que sea la noche. Nancy Schreck, en su discurso inaugural de 2014 en la LCWR, imploró a las presentes "sean fieles, por larga que sea la noche".

    a. ¿Qué hay que hacer para ser fiel, por larga que sea la noche? Identifica tres acciones concretas.

    b. ¿Cómo se puede vivir bien y mantenerse nutrida en medio de la ambigüedad, la tensión, el duelo, el parto y el alumbramiento que hay que hacer durante este tiempo liminal? Identifica tres opciones concretas de comportamiento que podrías adoptar.

    c. ¿Qué te ayudará a mantenerte en la lucha y a no abortar este trabajo cuando las cosas se pongan difíciles? Identifica tres acciones específicas.

2. ¿Cuál esperas que sea tu futuro y cómo cooperarás con la gracia para que así sea? Comprométete con cinco intenciones para

los próximos cinco años. Un compromiso es algo que *harás*, no algo que *intentarás* o *desearás* hacer. No se trata de hacer una larga lista de cosas que necesitas hacer antes de morir ni de dejarse llevar por la fantasía. Se trata de los objetivos que te has comprometido a alcanzar en los próximos cinco años. Tienen que estar arraigados en la energía y las pasiones de tu alma.

Como tal, este ejercicio implica reflexionar sobre tu vida interior, teniendo en cuenta tu sabiduría, tus dones y lo que te aporta alegría, así como reflexionar sobre el servicio que deseas prestar a tu comunidad y al mundo. Escríbelas y reescríbelas hasta que te salgan bien. Imagina que has logrado cada una de ellas. Siente lo que imaginas que sentirás cuando alcances tus objetivos. Escríbelo, píntalo, haz poesía de ello; haz lo que sea necesario para ayudarte a conocer esto en lo más profundo de tu alma, ya que esto se convertirá en tu esperanza activa para el futuro.

¡Ahora decláralo! ¿Qué cinco cosas harás, o en qué te convertirás, en los próximos cinco años que revelen tus anhelos, tus maravillas o tus amores? Describe cada uno de estos compromisos en una frase. A continuación, coloca tus palabras (símbolos u obras de arte) en una repisa, junto a tu mesa de noche, en tu espacio sagrado, en algún lugar, como recordatorio diario de tus compromisos.

REFLEXIÓN 17: DEJA QUE HABLE TU VIDA

Antes de decirle a tu vida lo que pretendes hacer con ella, escucha lo que ella pretende hacer contigo. Antes de decirle a tu vida qué verdades y valores has decidido vivir, deja que tu vida te diga qué verdades encarnas, qué valores representas.
Parker Palmer, Deja que hable tu vida

¿EN QUIÉN TE ESTÁS CONVIRTIENDO?

Los cuáqueros tienen una creencia sobre la verdad y la iluminación. Nos dicen "Deja que hable tu vida" para sugerirnos que nuestra vida, tal como la hemos vivido, nos ofrece indicios de nuestros auténticos valores y del propósito que Dios nos ha dado para vivir. Parker Palmer sugiere que es más importante escuchar los constantes esfuerzos de nuestra vida por actualizar nuestra verdadera naturaleza que abrazar una larga lista de ideales, por nobles o virtuosos que sean. El viaje de nuestra vida nos da pistas, sugiere, sobre nuestra verdadera vocación. El camino que Dios quiere para nuestra vida, en otras palabras, no proviene de nuestra propia voluntad. No es un objetivo a perseguir, sino que se discierne a través de nuestra escucha. Antes de poder decirle a mi vida lo que quiero hacer con ella, debo escuchar a mi vida decirme quién soy.

Gandhi habla del viaje de nuestra vida como un "gran experimento" con la verdad. Palmer añade: "El verdadero yo, cuando se transgrede, siempre se nos resistirá, a veces a un gran costo, manteniendo nuestra vida en jaque hasta que honremos su verdad". Rosa Parks lo sabía, Martin Luther King lo sabía. Todos, en algún nivel, nos damos cuenta de esto: no podemos actuar exteriormente de una manera que contradiga nuestra verdad interior sin pagar un gran precio.

El poeta Rumi también lo sabía, y vincula los costos personales y comunitarios: "Si estás aquí infielmente con nosotros, estás causando un daño terrible", dice. "Haremos promesas que no podremos cumplir, construiremos casas de material endeble, conjuraremos sueños que se convertirán en pesadillas, y otras personas sufrirán... si somos infieles a nuestro verdadero yo".

¿Cuántas veces en la vida hemos llegado a saber esto por experiencia propia? Cuando no somos conscientes de nuestras limitaciones, de nuestra vulnerabilidad o de nuestra propia pecaminosidad, al final debemos asumirlo y reconocer nuestra propia humanidad, o pagaremos un precio terrible. Cuando hemos renunciado a los dones y abundantes bendiciones que hemos recibido en nuestra vida, nuestra tarea es reclamarlos también. Debemos jugar la carta que nos ha tocado con las circunstancias que son nuestras, abrazando la verdad de lo que estamos llamados a ser, y confiar en que nosotros, al abrazar este llamado, somos sin duda más que suficientes.

El poder del trabajo interno para la transformación te invita a dejar que tu vida hable, a reflexionar sobre el viaje de tu vida y a extraer de esas reflexiones en quién te estás convirtiendo. Te invitamos a reflexionar sobre los cambios que se han producido a lo largo de los años en tu vida, los retos que tienes ante ti y el horizonte de oportunidades que te aguardan. Mientras escuchas lo que tu vida tiene que decirte, pregúntate: *¿Es la vida que estoy viviendo la vida que quiere vivir en mí?* Pregúntate: *¿Qué pretende mi vida para mí? ¿En quién me estoy convirtiendo?*

Parker Palmer dice: "El mundo sigue esperando la verdad que nos hará libres. Mi verdad, tu verdad, nuestra verdad; la verdad que fue sembrada en la tierra cuando cada uno de nosotros llegó aquí formado a imagen de Dios. Cultivar esa verdad, creo, es la auténtica vocación de todo ser humano". Jesús dice: "Conoceréis la Verdad, y la Verdad os hará libres" (Juan 8:32). Escucha la verdad que pretende tu alma reflexionando sobre tu propio recorrido vital.

MEDITACIONES

Terry Tempest Williams, Rojo: pasión y paciencia en el desierto

Los ojos del futuro nos miran y ruegan que veamos más allá de nuestro tiempo. Se arrodillan con las manos juntas para que actuemos con moderación, para que dejemos espacio a la vida que está destinada a llegar. Proteger lo silvestre es proteger lo amable. Tal vez lo silvestre que tememos es la pausa entre nuestros propios latidos, el espacio silencioso que dice que sólo vivimos por gracia. Lo silvestre vive de esta misma gracia. La misericordia silvestre está en nuestras manos.

Romanos 8:19

Toda la creación espera con impaciencia la transformación del Pueblo de Dios.

Marcos 8:27-29

Jesús se dirigió con sus discípulos a las aldeas de Cesarea de Filipo; y por el camino preguntó a sus discípulos: "¿Quién dice la gente que soy yo?" Ellos le respondieron: "Juan el Bautista; otros, Elías; y otros, uno de los profetas". Él les preguntó: "Pero, ¿quién decís que soy yo?". Pedro respondió: "Tú eres el Mesías".

Joan Chittister, Entre la oscuridad y la luz del día

La cuestión de por vida era ahora qué era peor: tener que enfrentarse al aguijón de la vergüenza a largo plazo o soportar el dolor de la verdad a corto plazo. Y así comenzó mi viaje de la culpa al crecimiento. Se convirtió en lo que la Iglesia llama, en su explicación del pecado como motivo de la venida de Jesús, "la feliz culpa". La comprensión del pecado que surge del propio pecado descuidado, la falta necesaria que da un giro a nuestra vida, que se convierte en una sabiduría para vivir. A medida que he ido escuchando a la gente a lo largo de los años, me he ido convenciendo cada vez más de que todo el mundo se enfrenta, alguna vez en la vida, a una falta necesaria. Es más, estoy convencida de que la mayoría de la gente necesita el Rubicón de la falta necesaria. Debemos empezar a elegir conscientemente el tipo de persona que queremos ser en la vida.

REFLEXIONES Y EJERCICIOS EN TU DIARIO

1. La vida cambia

   Cuando reflexionas sobre tu vida desde la juventud hasta ahora, ¿qué crecimiento y cambios has visto en tu:

   Vida espiritual (es decir, oración y prácticas contemplativas; lenguaje y estilo; oración en común y oración individual), y ¿qué impacto ha tenido esto en tu vida?

   ¿Qué tipo de ministerio has ejercido (tipo, opciones, eficacia) y qué impacto ha tenido en tu vida?

   Vida comunitaria (por ejemplo, formas de vivir en comunidad y de relacionarte con los demás) y qué diferencia ha supuesto en tu vida.

   Prácticas de corresponsabilidad (por ejemplo, personal, espiritual, material y financiera) y ¿qué diferencia ha supuesto en tu vida?

2. Llegar a ser

   A la luz de tu viaje evolutivo, ¿qué ves como oportunidades en el horizonte de tu vida (es decir, áreas de desafío o potencial de crecimiento) que te dan esperanza y pasión? En otras palabras, ¿en quién crees que te convertirás?

REFLEXIÓN 18: VOLVER AL FUTURO

El futuro influye en el presente tanto como el pasado.
Friedrich Nietzsche

MIRA HACIA ATRÁS DESDE EL FUTURO

Por supuesto, es imposible saber lo que nos depara el futuro, sobre todo en tiempos de transición. El futuro es impredecible e imprevisible. Aun así, si no queremos dejar que el futuro nos alcance, si queremos ser agentes proactivos en la configuración de nuestro propio futuro, tenemos que tomar decisiones que estén basadas en lo que esperamos que sea el futuro. Uno de los aspectos más desafiantes de este esfuerzo es la capacidad de imaginar. Tenemos que utilizar nuestra imaginación para pensar más allá de lo que ya vemos y sabemos en el presente. Y necesitamos vincular nuestra imaginación a nuestra esperanza, a nuestros anhelos, de una nueva vida.

Cuando contemplamos un campo que hemos visto a diario, es casi imposible ver los nuevos brotes verdes de hierba que surgen entre la hierba que había ayer. Pero hay nuevas semillas de vida y nuevos brotes verdes. Vemos lo que estamos acostumbrados a ver. En cierto sentido, estamos cegados a ver la nueva vida porque proyectamos en ella la vida que hemos visto todo el tiempo. Vemos lo que esperamos ver.

La proyección temporal nos ayuda a ver las posibilidades de lo "nuevo" desplazando nuestras cercas mentales hacia el futuro. La proyección temporal es una técnica utilizada por psicólogos e hipnoterapeutas para despertar la imaginación de una persona y ayudarla a ir más allá de lo que conoce y ya ha experimentado para descubrir nuevas posibilidades. Ayuda a las personas a salir de la rutina de ver lo que siempre han visto y a abrir la puerta a nuevas posibilidades.

Deepak Chopra nos dice: "Nuestra mente influye en la actividad clave del cerebro, que a su vez influye en todo; percepción, cognición, pensamientos y sentimientos, relaciones personales; todo es una proyección de ti". La proyección del tiempo es una proyección de ti. No es una forma de imaginar lo imprevisible, no es una prueba de tus capacidades clarividentes, pero es una forma de desenterrar lo que hay en tu imaginación. Es una forma de abrir posibilidades y proyectar en ellas tus esperanzas, sueños y anhelos de una nueva vida. Para que des a luz una nueva vida, para que engendres una nueva vida, primero necesitas echar a volar tu imaginación con el elixir de la esperanza.

MEDITACIONES

John Surette

No podemos ir hacia el futuro sin nuestro pasado, nuestra tradición, pero éstos no pueden llevarnos hasta allá. Tenemos que mirar más allá del pasado y no aferrarnos demasiado a nuestra tradición. Lo que nos lleva hacia el futuro son la imaginación, la creatividad, los sueños, la visión y los encantos. No somos tanto personas del pasado como del futuro. Somos personas de la novedad que ha sido prometida y de la novedad que estamos produciendo a través de nuestros esfuerzos como cocreadores. Mira, ¡estoy haciendo algo nuevo! ¿No te das cuenta?

Jeremías 29:11

"Porque yo sé los planes que tengo para vosotros", declara el Señor, "planes de prosperaros y no de perjudicaros, planes de daros esperanza y futuro".

Proverbios 29:18

"Donde no hay visión, el pueblo perece".

Charles Kettering

Nuestra imaginación es el único límite a lo que podemos aspirar en el futuro.

Steven Spielberg, Volver al futuro

Cuando Marty afirma ser de 1985, Doc, de 1955, le pregunta: "Dime, Chico del Futuro, ¿quién es el presidente de los Estados Unidos en 1985?". Marty dice: "Ronald Reagan", y Doc se ríe: "¿Ronald Reagan? ¿El actor? ¡Ja! Entonces, ¿quién es el vicepresidente, Jerry Lewis? Supongo que Jane Wyman es la Primera Dama. Y Jack Benny es secretario del Tesoro".

REFLEXIONES Y EJERCICIOS EN TU DIARIO

Escribe una carta: Volver al futuro

Mientras profundizas en la configuración de tu futuro, te pido que prepares una *carta*. A continuación, comparte esta carta con otras personas de tu grupo o comunidad religiosa. Esto no sólo avivará tus esperanzas e imaginación para el futuro, sino que hará lo mismo con quienes lo compartas. Puede darte ideas para el viaje.

Espero que consideres esta carta como una de las más importantes que escribirás en tu vida, pues de ella depende la configuración de tu propio futuro. Te pido que lleves esta invitación a la oración y la dejes madurar, vertiendo vino nuevo en odres nuevos, hasta que tengas la seguridad de lo que quieres decir. Llévalo a lo más profundo de tu alma y habla de tus anhelos más profundos para tu propio futuro y el futuro de tu comunidad.

¿Qué te pido que escribas? Quiero partir de lo que hasta ahora has reflexionado y compartido con tu grupo. ¿Hacia dónde crees que se te conduce personalmente y como comunidad de fe? Tras escuchar los sueños de futuro de algunas de nuestras hermanas y colaboradores, ¿cuáles son los tuyos?

Quiero que camines con uno de tus antepasados más queridos en oración y hables con él o ella sobre el futuro de tu comunidad. Elige compañía espiritual, alguien que haya sido muy querido, querida en tu corazón y con quien puedas mantener una conversación imaginaria, orante y de alma a alma. Puede ser un santo, una santa, la fundadora de tu comunidad o Jesús. Puede ser una figura sabia de tu comunidad o un mentor o mentora de algún tipo. Elige a alguien que te conozca, que conozca tu vida y que sepas que, en el fondo, sólo querría lo que es bueno y correcto para ti, para tu comunidad y para aquellos a quienes sirves.

Por ejemplo, si eliges rezar y hablar con Jesús, pregúntale qué ve en tu futuro. ¿Cuáles son sus anhelos más profundos para ti? ¿Cómo serás dentro de cinco años si miras a través de sus ojos? ¿Qué ve que está pasando? ¿Cuál podría ser la misión de tu comunidad en el futuro si estás a la escucha de sus deseos más profundos para ti? ¿Cómo será tu comunidad dentro de cinco años? ¿Cómo podrías revivir el espíritu de tu carisma en el mundo de hoy? En el fondo de su corazón, ¿cómo espera Él que tú y tu comunidad se transformen? Reza con Jesús en el camino de Emaús. Camina con tus antepasados y sueña con las posibilidades.

Una vez que hayas tenido tiempo de dejar madurar tu sueño, escribe una carta a tu comunidad religiosa como si la estuvieras escribiendo dentro de 5 años, mirando desde el futuro todo lo que ha sucedido. Proyecta en tu imaginación todo lo que ha surgido en los últimos cinco años y cómo podría ser tu vida en ese momento.

Escribe a las personas de tu comunidad como si fueras la voz de aquel con quien elegiste rezar (es decir, tu compañero o compañera espiritual). O, si lo prefieres, utiliza tu propia voz habiendo tomado en serio lo que tu compañero o compañera espiritual compartió contigo. Escribe desde lo más profundo de tu alma una carta muy personal que hable de tus anhelos más profundos. Escribe a tus integrantes diciéndoles cuál crees que será el futuro de su comunidad dentro de cinco años. Escríbela desde una fe inquebrantable, una esperanza audaz y, sobre todo, con amor a tus integrantes, acompañantes de misión y a un mundo herido que necesita tu carisma.

REFLEXIÓN 19:
ANHELOS URGENTES

---

*La gracia se produce cuando exploramos las profundas corrientes
internas de pertenencia y nos damos cuenta de la profunda
conexión que existe entre nuestras aspiraciones vitales y los requisitos
concretos para vivir.*
James Conlon

Susurros de gracia

James Conlon escribió: "La gracia sucede cuando, en medio de nuestra búsqueda, descubrimos ese lugar de esperanza donde yacen nuestros anhelos secretos". Cuando leí sus palabras por primera vez, me pregunté: *¿Qué es un anhelo y en qué se diferencia de una necesidad o un deseo?* Sé que quiero volver a volar, ya que fue una pasión a la que renuncié a regañadientes hace varios años. Me han cortado las alas y ya no vuelo. Me gustaría jugar un partido de golf y algún día hacer par. Necesito perder esos molestos cinco kilos para llegar a mi "peso ideal". Ah, bueno. Al escuchar estas pasiones, deseos y necesidades personales, no me parecen anhelos.

Mi hija mayor, Kelly, ejerció de enfermera en Bagdad. Al reflexionar sobre mis anhelos, descubrí que anhelo que su alma se sane para siempre de los estragos de la guerra. Anhelo que mi hijo pródigo, Jeff, siga sanando las heridas del alma que arrastra como consecuencia del divorcio de sus padres. Anhelo que mi hija menor, Colleen, descubra su propia sabiduría interior y su camino espiritual. Anhelo que mi esposa Beth y yo vivamos una vida de ocio con la misma pasión y prioridad que hemos dado a nuestro ministerio durante tantos años. Tales anhelos, pensé, van más allá de los deseos y las necesidades, y me llevan al trabajo del alma de mi vida.

Judy Schroeder, que dice: "En lo más profundo del corazón hay un dolor primigenio de anhelo, el grito del alma separada de su fuente. El dolor viene del recuerdo de cuando estábamos junto a Dios. Este proceso nos permite momentos especiales en nuestra vida en los que podemos saborear esta unión, un sabor del recuerdo divino". El dolor primario de la nostalgia parece aumentar con el tiempo. El sabor del recuerdo divino se hace más dulce. ¿Puedes saborearlo?

Thomas Merton escribió: "Si nunca llego a ser lo que debo ser, sino que siempre sigo siendo lo que no soy, me pasaré la eternidad contradiciéndome a mí mismo al ser, a la vez, algo y nada, una vida que quiere vivir y está muerta y una muerte que quiere estar muerta y no puede alcanzar del todo su propia muerte porque todavía tiene que existir". Estas palabras me tocan fibras sensibles de saber que nuestra alma siempre nos está llamando a casa, a lugares que son a la vez familiares y siempre misteriosos. Lo que somos siempre mantiene la tensión entre lo que hemos sido y en lo que nos estamos convirtiendo.

Esta tensión paradójica invita a los creyentes a reconocer los beneficios ocultos de negar nuestra propia bondad. Aquí es donde nuestras lealtades a la forma en que siempre han sido las cosas se enfrentan cara a cara con nuestra fidelidad a las verdades que vamos descubriendo, junto con las realidades actuales que insisten en odres nuevos. Aquí es donde nuestras aristas crecientes invaden el *statu quo* de las relaciones, haciéndonos mirar de nuevo lo que nos hemos ocultado, lo que hemos ocultado a las personas que amamos y lo que hemos escondido bajo un celemín. Esta tensión es el anhelo de nuestra alma de soltar, reconciliarse y renacer.

MEDITACIONES

Rainer Maria Rilke

Dios nos habla de forma personal mientras nos prepara, luego camina a nuestro lado silenciosamente para que salgamos de la noche. Éstas son las palabras que oímos escuetamente: A ti, que te envié más allá de lo que recuerdas, ve hasta el límite de tu anhelo. Encárname. Arde como una llama y crea grandes sombras por las que pueda moverme. Deja que todo te suceda: la belleza y el pavor. Sigue adelante. Ningún sentimiento es definitivo. No te permitas perderme. Cerca está el país al que llaman vida. Lo reconocerás por su seriedad. Dame la mano.

Jeremías 29:10-14

Porque así dice el Señor: Cuando se cumplan los setenta años de Babilonia, te visitaré, y cumpliré contigo mi promesa y te haré volver a este lugar. Porque yo sé los planes que tengo para vosotros, declara el Señor, planes de bienestar y no de mal, para daros un futuro lleno de esperanza. Entonces me invocaréis y vendréis a rezarme, y yo os escucharé. Me buscaréis y me encontraréis, cuando me busquéis de todo corazón. Yo seré hallado por vosotros, declara el Señor, y restauraré vuestra fortuna y os reuniré de todas las naciones y de todos los lugares de donde os he expulsado, declara el Señor, y os haré volver al lugar de donde os envié al exilio.

Anne Quigley, Hay un anhelo

Hay un anhelo en nuestro corazón, Señor, de que te reveles a nosotros.

En nuestro corazón hay un anhelo de amor que sólo encontramos en ti, nuestro Dios.

Por la justicia, por la libertad, por la misericordia: escucha nuestra oración.

En el dolor, en la pena: acércate, escucha nuestra oración, oh Dios.

Hay un anhelo en nuestro corazón, Señor, de que te reveles a nosotros, a nosotras.

En nuestro corazón hay un anhelo de amor que sólo encontramos en ti, nuestro Dios.

Por sabiduría, por valor, por consuelo: escucha nuestra plegaria.

En la debilidad, en el temor: acércate, escucha nuestra oración, oh Dios.

Hay un anhelo en nuestro corazón, Señor, de que te reveles a nosotros, a nosotras.

En nuestro corazón hay un anhelo de amor que sólo encontramos en ti, nuestro Dios.

Por la sanación, por la integridad, por una nueva vida: escucha nuestra oración.

En la enfermedad, en la muerte: quédate cerca, escucha nuestra oración, oh Dios.

Hay un anhelo en nuestro corazón, Señor, de que te reveles a nosotros, a nosotras.

En nuestro corazón hay un anhelo de amor que sólo encontramos en ti, nuestro Dios.

Señor, sálvanos, ten piedad, luz en nuestras tinieblas.

Te llamamos, te esperamos: acércate, escucha nuestra oración, oh Dios.

Hay un anhelo en nuestro corazón, Señor, de que te reveles a nosotros, a nosotras.

En nuestro corazón hay un anhelo de amor que sólo encontramos en ti, nuestro Dios.

REFLEXIONES Y EJERCICIOS EN TU DIARIO

1. Anhelo. Mientras reflexionas hoy sobre tu vida y profundizas en tu corazón y en tu alma, ¿cuáles son tus anhelos más urgentes? Distínguelos de las necesidades y los deseos. Deja que la pregunta se impregne en tu alma. Reflexiona y escribe sin juzgar. Deja que las palabras salgan de ti y caigan sobre el papel.

2. La bondad que está destinada a vivir. ¿Qué bondad de tu interior has escondido en una cesta de celemines ocultado a las personas que amas? ¿Qué te parecería llevar esta bondad más plenamente a tu vida?

Reflexión 20: Florecimiento

El florecimiento va más allá de la felicidad o la satisfacción con la vida. Es cierto que las personas que prosperan son felices. Pero eso no es ni la mitad. Más allá de sentirse bien, también están haciendo el bien, añadiendo valor al mundo.

Barbara Fredrickson

VIVE EL PRESENTE

En los últimos años, mi esposa y yo nos hemos acostumbrado a ir a Kauai en invierno para rejuvenecer nuestra alma, una especie de *sabbat*. Parte de ese rejuvenecimiento es el tiempo que pasamos con una mujer de la que nos hemos hecho amigos. Renee vive completamente de la providencia, no tiene más posesiones que lo que hay en su antiguo Subaru, y está totalmente comprometida con el flujo de la vida. A punto de cumplir 70 años, ella nada todas las mañanas con las ballenas, da masajes (mientras ofrece consejos espirituales) a los turistas durante el día y escala la costa de Nápoli los fines de semana (nada menos que descalza). Ella es el Espíritu de Kauai, la encarnación viva del Aloha, que vive en el flujo y la plenitud de la vida. Cuando estoy con ella, mi alma se transforma. ¿Cómo es que Renee puede prosperar con aparentemente tan pocas posesiones en su vida, dependiendo enteramente del universo para todo?

En su libro *Flourish*, Martin Seligman explica que la creencia de Aristóteles de que la acción humana está motivada singularmente por la felicidad es errónea. Florecer, dice, es la motivación de nuestra vida. Y ofrece cinco elementos clave que dan lugar a la experiencia del florecimiento:

1. **Emoción positiva**

   Cuando hace poco mi padrastro, de 101 años, dejó de jugar al golf, le pregunté: "Frank, ¿por qué has dejado de jugar?". Pensó un momento y dijo: "Ted, se me fue la alegría". Si no hay alegría en nuestra vida, no estamos floreciendo. Estamos languideciendo.

2. **Logros**

   Esto no significa que tengas que escalar el Everest o convertirte en un experto cocinero. Es el logro en sí mismo. Un objetivo puede ser tan pequeño como dar un paseo, terminar de lavar la ropa o pasar un rato con un amigo. No importa lo grandes o pequeños que sean los objetivos, sólo que los tengas. La vida cobra sentido cuando uno se motiva, se fija objetivos cada día y se lanza a por ellos.

3. **Relaciones positivas**

   Pasa tiempo con personas cuya compañía disfrutes. Son personas cuya compañía te encanta porque te hacen reír, te animan, te dan energía. No te menosprecian ni te arrastran.

4. **Compromiso**

   El compromiso es presencia o estar en el flujo de la vida. Estás en el flujo si estás tan absorto con algo o alguien que pierdes la noción del tiempo. No hace falta ser músico de jazz para lograrlo. Estar en el flujo significa estar presente, vivir el presente, comprometerse con lo que la vida nos depare.

5. **Significado**

> No se trata de una gran definición filosófica sobre el significado, sino de servir a un propósito mayor que nuestro propio ego, de vernos como parte de un mundo o universo mayor.

Estos cinco elementos, dice Seligman, nos permiten prosperar en la vida. Nos permiten abrazar la abundancia que nos ofrece la vida. Los cuatro primeros se explican por sí solos, así que permíteme que hable un poco del significado, porque es un poco más difícil de entender.

A menudo he dicho a las comunidades: "Cuando una comunidad tiene más recuerdos que sueños, se está muriendo". Creo que lo mismo ocurre con las personas. Necesitamos soñar. Necesitamos objetivos, algo por lo que vivir. Todos conocemos a personas cuyo espíritu murió antes que su cuerpo. Y todos conocemos a personas que vivieron mucho más de lo que su diagnóstico terminal justificaba sin otra razón que su tenaz voluntad de vivir. Necesitamos vivir una vida con sentido y propósito o empezaremos a marchitarnos y morir. El sentido, según Viktor Frankl, es una "fuerza vital fundamental" que nutre y vivifica el alma.

John Milton dijo una vez: "La mente es su propio lugar, y en sí misma puede hacer un cielo del infierno o un infierno del cielo". Frankl lo comprendió. Compartió su experiencia de vivir en las circunstancias más infernales imaginables, los campos de exterminio de la Segunda Guerra Mundial, al tiempo que encontraba un lugar con sentido y propósito. Observó y escribió sobre una útil distinción entre los presos que vivían una existencia provisional y los que vivían con sentido y propósito.

Los que vivían una existencia provisional eran los que él describía como sin vida, los que caminaban como fantasmas en un estado parecido a la niebla. Adormecieron su dolor disociándose de su realidad actual. Literalmente, dejaron de estar presentes, dejaron de vivir en el presente y, en consecuencia, dejaron de tomar decisiones desde su realidad presente para transformar su sufrimiento. Perdieron las ganas de vivir y, al hacerlo, aceleraron su propia muerte.

Los que sobrevivieron estuvieron en las mismas circunstancias infernales, pero encontraron sentido y propósito como pudieron, aunque fuera a pequeña escala. Aprovecharon las oportunidades para encontrar la belleza en una puesta de sol, la bondad al compartir un trozo de pan, la misericordia ante el sufrimiento ajeno, la alegría en la sonrisa de otro. Vivieron el presente y tomaron decisiones que transformaron su dolor en compasión, misericordia, bondad, alegría, belleza o amor. En palabras de Frankl: "Todo nos lo pueden quitar menos una cosa: la última de las libertades humanas... elegir la propia actitud en cualquier circunstancia, elegir el propio camino".

El florecimiento comienza con una elección. "En cada momento de la existencia, decía Norman Mailer, uno está creciendo hacia más o retrocediendo hacia menos". Podemos elegir, en otras palabras, ser un juguete de las circunstancias, sintiéndonos desventurados, desesperanzados e impotentes; o podemos aceptar la mano que nos ha tocado, escuchar una invitación más profunda y tomar decisiones que preserven nuestra libertad. Podemos escuchar esa vocecita que nos insta a "elegir la vida".

Sigue la corriente de la vida, sumérgete, aunque sólo sea por un rato, en un juego, una conversación significativa, algún tipo de reto personal para poner a prueba tus habilidades y aprender algo nuevo. En lugar de mirar el teléfono 72 veces al día, ponte límites y mira los mensajes de texto o el correo electrónico sólo unas pocas veces al día. Despeja el desorden de distracciones. Deja que estas pequeñas victorias te recuerden el tipo de energía y entusiasmo que has estado echando de menos. Tenemos que dar sentido a la vida, no esperar a que la vida nos dé sentido.

MEDITACIONES

Génesis 26:22

Siguió adelante y cavó otro pozo, y nadie se peleó por ello. La llamó Rehoboth, diciendo: "Ahora el Señor nos ha dado espacio y floreceremos en la tierra".

Números 13:27

Y le dijeron: "Hemos llegado a la tierra a la que nos enviaste. Fluye leche y miel, y éste es su fruto".

Viktor Frankl

Al hombre se le puede arrebatar todo menos una cosa: la última de las libertades humanas; elegir su actitud en cualquier circunstancia, elegir su propio camino.

Derek Rydall

A medida que desarrollamos todo nuestro potencial y activamos nuestro propósito más profundo, los dones que compartimos crean y apoyan un ecosistema que permite a nuestro mundo evolucionar y prosperar.

Joseph Campbell

Todo está conspirando para tu bien, despertando tu potencial más profundo y preparándote para cosas más grandes, ya sea para que aparezcas en la portada del periódico o en el porche de casa de un vecino necesitado. Pero para cosechar las bendiciones de tu viaje, debes practicar esta conciencia, reinterpretando todo lo que ves hasta que veas la conspiración divina en todas partes.

Ted Dunn

Ver vídeo: Florecer en épocas de rendición. (https://vimeo.com/548935579)

REFLEXIONES Y EJERCICIOS EN TU DIARIO

Podemos florecer en cualquier época de la vida, desde la infancia hasta la vejez. Se trata de tener alegría, estar con las personas que amamos, estar presentes y vivir el presente, y crear una vida con sentido y propósito. Incluso en las circunstancias más difíciles, tenemos opciones, la libertad de elegir y la oportunidad de cambiar. Podemos tomar decisiones que nos dejen languidecer o decisiones que nos ayuden a florecer.

1. ¿Qué significa para ti florecer en esta estación de la vida?

2. Qué decisiones estás tomando:

   a. ¿Qué te da alegría?

   b. ¿En compañía de quién te animas?

c. ¿Cuáles son tus objetivos, grandes o pequeños, y cómo los persigues?

d. ¿Cuándo te encuentras totalmente presente, en el presente, viviendo en el flujo de la vida?

e. ¿Qué le da sentido a tu vida?

Le dije a mi alma, quédate quieta y espera sin esperanza, pues la esperanza sería esperanza de lo equivocado; espera sin amor, pues el amor sería amor por lo equivocado; aún está la fe, pero la fe, el amor y la esperanza consisten en esperar. Espera sin pensamiento, pues no estás preparada aún para el pensamiento: La oscuridad será, así, la luz, y la quietud la danza.

T.S. Eliot

Sobre el autor

El Dr. Ted Dunn es psicólogo clínico y socio fundador de Comprehensive Consulting Services, Clearwater, FL. Tiene experiencia como consultor, facilitador, profesor, psicoterapeuta y supervisor de profesionales del campo de la salud mental. Cursó su formación universitaria en la Universidad Estatal de Ohio, y sus títulos de maestría y doctorado en Psicología Clínica en la Universidad de St. Louis. Completó su formación de posgrado en 1985 tras su internado en la Facultad de Medicina Rutgers de Nueva Jersey, donde se centró en la psicoterapia psicodinámica e intervenciones sistémicas.

Cursó su educación superior en Psicoterapia Psicoanalítica en el Instituto Psicoanalítico de St. Louis, así como en Terapia Familiar y aplicaciones sistémicas de maestros en la materia (por ejemplo, Jay Haley, Salvador Minuchin, Virginia Satir y Monica McGoldrick). Tiene una amplia experiencia en métodos de evaluación psicológica y ha sido consultor, profesor, autor de publicaciones, ha desarrollado laboratorios para hospitales y ha actuado como perito en estos campos.

Fruto de su experiencia clínica, la práctica del Dr. Dunn ha evolucionado y en la actualidad se centra en dar servicios de apoyo, formación y facilitación en comunidades religiosas católicas y otras organizaciones de fe en todo Estados Unidos e internacionalmente. Lleva trabajando con religiosos y religiosas desde los años ochenta y considera que su formación y experiencia son especialmente adecuadas para esta población.

Ha escrito mucho sobre la vida religiosa y regularmente facilita y presenta en capítulos y asambleas. Asesora a equipos de liderazgo y ayuda a las comunidades en la planeación, la visión y el discernimiento comunitario. Actualmente se dedica a guiar a comunidades que están discerniendo el llamado de Dios a una nueva vida a través de procesos de cambio y transformación profundos. Su nuevo libro, *Encrucijada de gracia: caminos hacia el cambio profundo y la transformación*, demuestra su capacidad para integrar la espiritualidad, la psicología y la teoría de sistemas.

La integración de la espiritualidad, la psicología y las competencias basadas en valores son la clave de sus esfuerzos. Aunque los enfoques y las poblaciones a las que ha atendido han variado a lo largo de los años, su *enfoque compasivo para la sanación, su creencia en la resistencia natural del espíritu humano y su compromiso personal con el aprendizaje permanente* siguen siendo la base de todos sus esfuerzos profesionales. Estos son los cimientos de su actual vocación al servicio de organizaciones religiosas, capacitándolas para vivir bien y colaborar mutuamente en la creación de un futuro.

Notas

1. Ted Dunn, *Graced Crossroads: Pathways to Deep Change and Transformation*, Primera edición (St. Charles, MO: CCS Publications, 2020).

2. Una poderosa formación para las comunidades, lo que el Dr. Ted y la Dra. Beth denominan enfoque conversacional para la eficacia en las relaciones, cuyo concepto en inglés es Conversational Approach to Relational Effectiveness (CARE).

3. Ibid., p.194.

4. Robert E. Quinn, *Deep Change: Discovering the Leader Within*, Jossey-Bass Business & Management Series (San Francisco, Calif.: Jossey-Bass Publishers, 1996), p.3.

5. David J. Nygren and Miriam D. Ukeritis, *The Future of Religious Orders in the United States: Transformation and Commitment* (Westport, Conn.: Praeger, 1993), p.259.

6. Edward Teller, Goodreads, Inc., https://www.goodreads.com/quotes/69423-when-you-come-to-the-end-of-all-the-light.

7. Thomas Merton, *Thoughts in Solitude* (New York,: Farrar, 1958), p.83.

8. Marcia Allen, "Transformation – an Experiment in Hope," en la

Conferencia de Liderazgo de Mujeres Religiosas (LCWR) (Orlando,2016), p.5-7.

9. Ken Untener, "A Future Not Our Own: In Memory of Oscar Romero (1917–1980)," *The mystery of the Romero Prayer* (1979), https://www.journeywithjesus.net/PoemsAndPrayers/Ken_Untener_A_Future_Not_Our_Own.shtml.

10. Václav Havel y Karel Hvížďala, *Disturbing the Peace : A Conversation with Karel* Hvížďala, 1st American ed. (New York: Knopf : Distributed by Random House, 1990), p.181.

11. Joan Chittister, *Scarred by Struggle, Transformed by Hope* (Grand Rapids, Mich.: William B. Eerdmans Pub.: Ottawa Novalis, Saint Paul University, 2003), p.2.

12. Ibid., p.19.

13. Joanna Macy y Chris Johnstone, *Active Hope : How to Face the Mess We're in without Going Crazy* (Novato, Calif.: New World Library, 2012).

14. Tina Turner, "What's Love Got to Do with It," de *What's Love Got to Do with It* (Parlophone, 1993).

15. Richard Rohr, *The Naked Now: Learning to See as the Mystics See* (New York: Crossroad Pub. Co., 2009), p.122.

16. Jean Pierre Medaille, *Maxims of the Little Institute*, Writings of Jean Pierre Medaille, Maxim 84 (Toronto, CA: Sisters of St. Joseph of Toronto, 1985), p.139.